INITIALEN

Angela Huber
geboren 1992 in Augsburg, studierte
Buchwissenschaft und Wirtschaftswissen-
schaften an der Johannes Gutenberg-Uni-
versität Mainz.
Mit ihrer Arbeit *Wozu Neuschnitte? Das
Beispiel der Optima* erlangte sie 2015 den
Bachelor of Arts. Es schließt sich ein
Studium im Masterstudiengang Buchwis-
senschaft in Mainz und Leipzig an.

Angela Huber

Wozu Neuschnitte?

Das Beispiel der Optima

Auch als E-Book mit der ISBN FOLGT NOCH erhältlich

© 2015 Mainzer Institut für Buchwissenschaft

Gesetzt aus Minion Pro und Myriad Pro
in der Lehrdruckerei des Instituts für Buchwissenschaft
von Tabea Gülcher, Melanie Jezyschek, Nina Jourdan und Christina Schüssler

Lektorat Saskia Maria Theresia Büchner und Mareike Gerbig

Marketing/PR Teresa Eichinger und Verena Lauber

Print ISBN 978-3-945883-24-2
EPUB ISBN 978-3-945883-25-9
PDF ISBN 978-3-945883-26-6

INHALT

ABBILDUNGSVERZEICHNIS

SCHRIFTPROBENVERZEICHNIS

1 EINLEITUNG

»If a font is to be easy to read it must be fresh.«[1]

1.1 Forschungsinteresse und Vorgehensweise

Die *Optima* wurde 1958 vom Schriftgestalter Hermann Zapf entworfen und zählt noch immer zu den beliebtesten Schriften weltweit. 50 Jahre nach dem Erscheinen des Erstschnitts entstand 2002 die neue Schriftfamilie *Optima nova*, die Zapf in Zusammenarbeit mit dem typografischen Leiter der *Linotype Library*, Akira Kobayashi, umgestaltete.

Die vorliegende Arbeit befasst sich mit der Frage, welche Entwicklungen zu einem Neuschnitt führten und welchen Wert dieser hat. Dabei ist das Beispiel der *Optima* besonders interessant, da diese Schriftfamilie über alle Stationen von der Entwicklung des ersten Schnitts in der ausgehenden »Bleizeit« 1958 bis zur Entstehung des digitalen Neuschnitts *Optima nova* 2002 einem ständigen Anpassungsprozess unterlegen war.

Neben einem biografischen Überblick zum Gestalter Hermann Zapf, der die Entwicklung der *Optima* bis heute begleitet, soll dargestellt werden, wie und in welchem Umfang die Schrift entstand und wie sie klassifiziert werden kann. In der Zeit zwischen Markteinführung und Neugestaltung vergingen 50 Jahre, in denen sich mehrmals die vorherrschenden Technologien im Bereich der Schriftgestaltung grundlegend änderten. Zusätzlich zu den Auswirkungen dieser wechselnden Satztechnologien auf die Schriftform, wird untersucht, welche Einflüsse zu den zahlreichen Erweiterungen der Schriftfamilie führten. Die Herausforderung bestand dabei darin, die Einflüsse der oftmals gleichzeitig verwendeten Technologien getrennt zu betrachten.

---

1   Crompton, Andrew: How to look at a reading font. In: Word & Image. Vol. 30, Issue 2 (2014), (S. 79–89.) DOI: 10.1080/02666286.2013.817132 [22.11.2014].

Zuletzt wird die Form der neu gestalteten *Optima nova* analysiert und mit der Originalschrift verglichen, um die Frage erörtern zu können, welche Wertigkeit der Neuschnitt der untersuchten Schrift hat.

1.2 Forschungsstand

Die vorliegende Arbeit stützt sich hauptsächlich auf Quellen, die im nächsten Abschnitt besprochen werden. Für den theoretischen Rahmen der Arbeit, zu dem die Einordung der untersuchten Schrift und die Entwicklungen im Bereich der Satztechnik und Schriftgestaltung in der zweiten Hälfte des 20. Jahrhunderts zählen, ist allerdings ein erweiterter Blickwinkel nötig.

Zu den verschiedenen Klassifikationsansätzen von Druckschriften gibt es diverse Publikationen. Nahe am Forschungsgegenstand selbst, den Schriften, bewegt sich der Schweizer Typograf Max Caflisch in seinen *Schriftanalysen*[2], in denen er differenziert auf Stilgeschichte und die Klassifikationsproblematik eingeht. Zapfs Kollege, Georg Kurt Schauer verfasste den Aufsatz *Über die Herkunft der Linearschriften*[3], der in die grundsätzliche Problematik, Herkunft und Form serifenloser Schriften einzuordnen, einführt. Ein umfassendes Werk zum Thema Schrift in allen Facetten lieferte Eugen Nerdinger 1954 mit *Buchstabenbuch*[4], das die Zusammenhänge der geschichtlichen Entstehung der Schrift, die historische Formgebung und zeitbedinge Formauffassung darstellt. Für die vorliegende Arbeit war besonders der Teil, in dem die Ursprünge der Druckantiqua bis zu der Verbreitung serifenloser Schriften wissenschaftlich untersucht wurden, interessant. Zapf selbst beschäftigte sich in *Vom Formgesetz der Renaissance-Antiqua*[5] ebenfalls mit Form und Herkunft der ersten Druckantiqua.

Zu den technischen Entwicklungen des untersuchten Zeitraums gibt es eine Fülle an Aufsätzen, bzw. Abschriften von Vorträgen, die zwar die Vor- und Nachteile technischer Details beschreiben, aber zumeist die Meinung des Verfassers wiedergeben, ohne wissenschaftlich vorzugehen. Hervorzuheben sind darunter Publikationen von Zapf, u. a. *Vom Stempelschnitt zur*

---

2   Caflisch, Max: Schriftanalysen. Untersuchungen zur Geschichte typographischer Schriften. St. Gallen: Typotron 2003.

3   Schauer, Georg Kurt: Über die Herkunft der Linearschriften. In: Börsenblatt 22a (1959), S. 294–298.

4   Nerdinger, Eugen: Buchstabenbuch. Schriftentwicklung, Formbedingungen, Schrifttechnik, Schriftsammlung. München: Callwey 1954.

5   Zapf, Hermann: Vom Formgesetz der Renaissance-Antiqua. In: Gutenberg-Jahrbuch 1953. Hrsg. Von Aloys Ruppel. Mainz 1953, S. 11–15.

Digitalisierung von Schriftzeichen[6] und *Letterpress Printing, Photocomposition and Desktop Publishing*[7], da diese explizit auch auf die Auswirkungen der Technologien auf die Schriftform eingehen. Die Ära des Blei- und Fotosatzes wurde umfangreich erforscht, digitale Schriftgestaltung hingegen entwickelte sich so schnell, dass meist nur auf die neuen Möglichkeiten hingewiesen wurde, ohne diese später genauer zu untersuchen. Eine Ausnahme bildet hier das Werk *Schrifttechnologie*[8] von Peter Karow. Obwohl er darin umfangreich die Möglichkeiten seiner Software *Ikarus* beschreibt, kann dem Werk dennoch der Entwicklungsstand im Bereich der digitalen Schriftgestaltung und Speicherungstechnologien, sowie die Hauptakteure des Marktes Anfang der 1990er Jahre, entnommen werden.

Einen besonderen Stellenwert nimmt die gesamte Werkbiografie Zapfs, die als Dissertation *Das typografische Werk Hermann Zapfs*[9] von Nikolaus Weichselbaumer erschienen ist, ein. Die reflektierte Betrachtung auf Basis umfangreicher Quellenarbeit ist besonders wertvoll, nachdem in Publikationen zu Person und Werk Hermann Zapfs sein Schaffen von Freunden und Bewunderern stets positiv und unkritisch gefeiert wurde. Daneben wurden ausführlich Funktionsweise und Probleme der Technologien, mit denen Zapf arbeitete, untersucht. Ein weiterer Gegenstand der Arbeit sind die von Zapf gestalteten Schriften, deren Entstehungsgeschichte genannt und welche auf Ausstattung und Form untersucht wurden. Dabei lag das Hauptaugenmerk nicht auf einer genauen Analyse der Schriften, sondern darauf wie diese Zapf als Gestalter profilierten.

1.3 Quellenlage

Die Quellenlage zum Gegenstand der Arbeit, die Schriftfamilien *Optima* und *Optima nova,* ist besonders für erstere sehr umfangreich.

Bei Veröffentlichung der *Optima* 1958 erschienen innerhalb kurzer Zeit mehrere Schriftproben. Die umfangreichste trägt den Titel *Optima-Anti-*

6   Zapf, Hermann: Vom Stempelschnitt zur Digitalisierung von Schriftzeichen. Die technische Veränderung der Schriftherstellung. In: Gutenberg Jahrbuch. Hrsg. von der Gutenberg-Gesellschaft. Mainz: 2000, S. 302–316.

7   Zapf, Hermann: Letterpress Printing, Photocomposition and Desktop Publishing. In: Classical typography in the computer age. Papers presented at a Clark Library Seminar on 27th February 1988. Los Angeles: Willam-Andrew-Clark-Library, University of California 1991, S. 1–13.

8   Karow, Peter: Schrifttechnologie. Berlin: Springer 1992.

9   Weichselbaumer, Nikolaus: Das typografische Werk Hermann Zapfs. Diss. phil. Friedrich-Alexander-Universität Erlangen-Nürnberg 2015.

qua[10] und gibt die Entstehungsgeschichte und die zur Verfügung stehenden Typensätze für Handsatz und Matrizen für Linotype wieder. Kurz darauf erschien die mit Werbung durchsetzte, kompaktere Schriftprobe mit dem Titel *Optima*[11]. Spätere Schriftproben gab es in Form von Wickelfalzen, ihnen konnte jedoch keine neuen Informationen entnommen werden konnten.

Zu Person und Werk Hermann Zapfs gibt es zahlreiche Publikationen. Einerseits wurden zu sämtlichen Geburtstagen und Jubiläen seine Biografie und seine erfolgreichsten Schriften in der Branchenpresse wiedergegeben. Andererseits gab Zapf selbst einige Autobiografien heraus, bzw. korrigierte Werke, die über ihn oder zu seinen Ehren veröffentlicht wurden. Nicht seine erste Autobiografie, aber die erste nach Entstehung der *Optima* mit dem Titel *Über Alphabete*[12], enthält neben biografischen Informationen einen Abschnitt zur Entstehung und Formprinzipien der *Optima*. Seine zuletzt erschienene Autobiografie *Alphabetgeschichten*[13] handelt sämtliche Schriftprojekte seiner langen Karriere als Schriftgestalter ab, unterbrochen durch biografische Informationen, Auszügen aus veröffentlichten Aufsätzen und Anekdoten. Da dieses Werk Zapfs einziges nach Gestaltung der *Optima nova* 2002 erschienene ist, stellt es trotz bewerbenden Charakters eine unverzichtbare Quelle dar. Über ihn erschienene Werke wurden von Freunden oder Schülern herausgegeben. Dazu zählen: Erstens, die Sammlung kalligrafischer und typografischer Arbeiten in *Hermann Zapf. Ein Arbeitsbericht*[14], in der zusätzlich nicht nur die Schriftfamilien, sondern auch die einzelnen Schnitte chronologisch aufgeführt wurden. Zweitens, Aufsätze zu Abschnitten seiner Karriere in *ABC-XYZapf*[5], wobei für die vorliegende Arbeit besonders Gerhard Langes Aufsatz *Anmerkungen zum Gestaltbild der Optima* interessant ist. Drittens, das 2001 für eine Ausstellung zu Ehren Gudrun und Hermann Zapfs erschienene *Calligraphic Type Design in the Digital Age*[16], das durch seine zeitliche Nähe zum *Optima nova*-Projekt einige Hinweise zu Zapfs und

10   Optima-Antiqua. Eine Originalschrift von Hermann Zapf. D Stempel AG: Frankfurt am Main 1958.

11   Optima. D. Stempel AG: Frankfurt am Main 1958.

12   Zapf, Hermann: Über Alphabete. Gedanken und Anmerkungen beim Schriftentwerfen. Frankfurt am Main: Schauer 1960.

13   Zapf, Hermann: Alphabetgeschichten. Eine Chronik technischer Entwicklungen. Mergenthaler Edition/Linotype GmbH: Bad Homburg: 2007.

14   Hermann Zapf. Ein Arbeitsbericht. Hrsg. von der Lehrdruckerei der Technischen Hochschule Darmstadt. Darmstadt: 1984.

15   ABC-XYZapf: Fünfzig Jahre Alphabet-Design. Hrsg. von Knut Erichson und John Dreyfus. Offenbach und London: Bund Deutscher Buchkünstler und Wynkyn de Worde 1989.

16   Calligraphic Type Design in the Digital Age. An Exhibition in Honor of the Contributions of Hermann and Gudrun Zapf. Hrsg. von John Prestianni. San Fransisco: Ginko Press 2001.

Kobayashis aktueller Design-Philosophie gibt. Also ein erweiterter Blickwinkel zu dem 14 Jahre zuvor erschienenen *Hermann Zapf & His design philosophy*[17], das Aufsätze Zapfs zu seinen Gedanken zu Formprinzipien beim Schriftentwurf und Chancen und Probleme der Fotosatz-Technologie enthält. Dabei wird deutlich, wie zukunftsorientiert sein gesamtes Schaffen war und welche Prinzipien der Schriftgestaltung sich trotz technologischer Weiterentwicklung nie verändern werden.

Neben Umfang und Bewerbung besonderer Glyphensätze der digitalen Schriftfamilien *Optima* und *Optima nova* bietet die *Linotype-Library*[18] kurze Informationen zur Entstehungsgeschichte und den Gestaltern.

Da der Rahmen der Arbeit eine umfassende Quellenuntersuchung in Zapfs privatem Archiv in der Herzog August Bibliothek Wolfenbüttel nicht zulässt, wurden die von Weichselbaumer 2011 bis 2013 erschlossenen Archivalien, die die *Optima* und *Optima nova* betreffen, verwendet.

Für die Zeit nach 1945 enthält das Archiv beinahe lückenlos Entwurfszeichnungen, Reinzeichnungen, Probedrucke, Manuskripte, Korrespondenzen und Verträge [...] Zwar ist eine Vorseleketion der Archivalien durch Zapf nicht grundsätzlich auszuschließen, der Bestand nach 1945 enthält jedoch an keiner Stelle auffällige Fehlstellen oder Hinweise auf Manipulation. Auch haben sich keine Widersprüche zwischen den archivalisch überlieferten Dokumenten und zeitgenössischen Publikationen oder Dokumentationen Dritter ergeben.[19]

Die Angabe WAL 275/9 beispielsweise verweist auf die neunte Seite des von Weichselbaumer erstellten Digitalisats, wobei der Schrägstrich in Abgrenzung zur nicht eindeutigen Blattnummer verwendet wurde, da die digitalisierten Seiten nicht exakt mit den Seiten in den Archivordnern übereinstimmen.

17   Zapf, Hermann: Hermann Zapf and his design philosophy. Chicago: Society of Typographic Arts 1987.

18   Website der Linotype-Library: www.linotype.com [8.1.2015]

19   Weichselbaumer: Das typografische Werk Hermann Zapfs, S. 11f.

2 ENTSTEHUNG UND EINORDNUNG DER SCHRIFT OPTIMA

2.1 Der Gestalter Hermann Zapf

Um den Hauptteil der Arbeit einzuleiten, wird der Gestalter der *Optima*-Schriftfamilien, Hermann Zapf, vorgestellt. Für den kurzen biografischen Überblick wurden hauptsächlich seine Autobiografien *Über Alphabete*[20] und *Alphabetgeschichten*[21] verwendet, da »die gemachten Tatsachenbehauptungen sich [...] als weitgehend zuverlässig erwiesen [haben]«[22].

Geboren am 8. November 1918 in Nürnberg, absolvierte Zapf dort eine Lehre als Retuscheur. Durch eine Ausstellung über Arbeiten Rudolf Kochs entdeckte er die Schreibkunst für sich und widmete von da an viel Zeit dem Selbststudium der Lehrbücher seiner Vorbilder, den Schriftkünstlern Rudolf Koch und Edward Johnston,[23] deren Grundprinzipien sein Schaffen maßgeblich beeinflussten: »Through Edward Johnston's book I turned gradually from the highly individual style of Roland Koch to an appreciation of traditional letterforms.«[24]

1938 zog Zapf nach Frankfurt, um in der Graphikwerkstatt *Haus zum Fürsteneck* freiberuflich unter Gleichgesinnten zu arbeiten. Nach dem Krieg fing er 1947 als künstlerischer Leiter der Typografischen Abteilung der Schriftgießerei D. Stempel AG an. Gleichzeitig entstanden in dieser Zeit der frühe Teil seiner typografischen Werke und die heute noch populären Schriftfamilien, u.a. *Palatino*, *Melior* und *Optima* für Handsatz und Linotype. Die gute Zusammenarbeit mit dem dort ebenfalls angestellten Stem-

---

20 Zapf: Über Alphabete.
21 Zapf:: Alphabetgeschichten.
22 Weichselbaumer: Das typografische Werk Hermann Zapfs, S. 11.
23 Vgl. Hermann Zapf. Ein Arbeitsbericht, S. 8.
24 Zapf: Hermann Zapf and his design philosphy, S. 20.

pelschneider August Rosenberger wirkte sich dabei besonders produktiv aus. Nach seinem Ausscheiden bei der D. Stempel AG 1956 war er als selbstständiger Gestalter für Verlage und Berater für namhafte Unternehmen der Schriftbranche, u. a. Linotype, ITC, Hell und URW, tätig. Zudem nahm er Lehraufträge aus Deutschland und den USA an. Dabei galt sein besonderes Interesse den neuesten technischen Entwicklungen im Satzbereich, angefangen mit Fotosatz in den 60er Jahren über Schriftdigitalisierung bis hin zur Mitentwicklung typografischer Satzprogramme. Sein herausragendes Engagement galt als Gründungsmitglied der *Association Typographique Internationale* der Bekämpfung von Schriftplagiaten. Zapfs Erfahrungen in der Schriftgestaltung umfassen alle Stationen und Entwicklungen, die es in der zweiten Hälfte des 20. Jahrhunderts und noch einige Jahre darüber hinaus gab. Er war stets getrieben, seine Schriften, und besonders seine Lieblingsschrift *Optima*[25], mit Hilfe der neuesten technischen Möglichkeiten nach seinen Idealvorstellungen zu überarbeiten.

2.2 Entstehungsgeschichte der Optima

Zapf reiste 1950 nach Italien, um für seine laufenden Schriftprojekte *Michelangelo* und *Sistina* Inschriften in Gestalt und Form zu studieren. Er bewegte sich dabei auf den Spuren seines Vorbilds Edward Johnston, dessen Formprinzip leichte Ausformungen an Grundstrichenden anstatt ausgeprägten Serifen ebenfalls auf die in Stein gemeißelten Versalien zurückging.[26] Zapfs Idee zu einer serifenlosen Antiqua wurde maßgeblich von den Inschriften auf Grabplatten in Santa Croce (Florenz) beeinflusst. Mangels Zeichenpapier fertigte er davon auf Lire-Scheine sofort Skizzen an.

Die ersten Entwürfe zeichnete er mit schräggehaltener Breitfeder, was zu einem sehr individuellen Charakter der Buchstaben führte. Im Hinblick auf Mischbarkeit mit möglichst vielen anderen Schriften ging er jedoch zu einer absolut geraden Achsstellung wie bei klassizistischen Antiquaschriften über.[27]

Nach Überlegungen zu technischen Anforderungen veranlasste er sowohl Druck- und Prägeversuche, als auch fotografische Reproduktionstests, noch

25 Vgl. Zapf, Hermann: Hat Schriftdesign eine Zukunft? In: Polygraph 3 (1994), S.32.
26 Vgl. Lange, Günter Gerhard: Anmerkungen zum Gestaltbild der Optima. In: ABC-XYZapf. Fünfzig Jahre Alphabet-Design. Hrsg. von Knut Erichson und John Dreyfus. Offenbach und London: Bund Deutscher Buchkünstler und Wynkyn de Worde 1989, S. 85.
27 z. B. die Walbaum

Abbildung 1: Zapfs Skizze auf einem Lire-Schein vom 03.10.1950.
Quelle: http://www.typografie.info/3/page/Schriften/fonts.html/_/optima-r43
[07.01.2015].

vor dem ersten Stempelschnitt.[28] Aus diesen Ergebnissen und inspiriert von den historischen Formen entstanden die Verstärkungen der Grundstriche, woraus sich folgende Vorteile gegenüber den meisten anderen Serifenlosen auf dem damaligen Markt ergaben: Bei hohen Auflagen wurden die Grundstriche der Bleitypen v. a. bei kleineren Größen an den Enden nicht abgerundet, zudem ergab sich keine Deformierung der Buchstabenkonturen bei der Herstellung von Offsetkopien. Mit dem Beginn der Fotosatzzeit wurden diese Probleme obsolet, aber die wechselnde Strichstärke und feine Linienführung erhöhten weiterhin enorm die Leserlichkeit. Anfangs hatte eine Akzidenz-Schrift entstehen sollen, aber in einem Gespräch über seine Entwürfe mit Monroe Wheeler[29] ließ er sich davon überzeugen, die Neu-Antiqua zu einer Werkschrift umzugestalten, um eine gute Alternative für die omnipräsente Futura anbieten zu können.[30]

Als die Entwürfe komplett ausgearbeitet waren, stellte er sie 1955 in einer Besprechung dem Direktorium von der Stempel AG vor, woraufhin die Anfertigung von zwölf Probematrizen veranlasst wurde.[31] Die Erfolgsaus-

---

28   Vgl. Optima-Antiqua, S. 2.
29   Damaliger Leiter des Museum of Modern Arts, New York.
30   Vgl. Smith, Virginia: Hermann Zapf (Interview). In: Artograph. Vol. 1, No. 1 (1977). Hrsg. Vom Baruch College, S. 4.
31   Vgl. Besprechungsnotiz vom 23.2.1955 zum Betreff Neue Antiqua, verfasst am 2.3.1955. WAL 275/4.

sichten schienen gut, da bei der Schriftgießerei bereits mehrmals nach einer Serifenlosen, die sich gut als Werkschrift eignen sollte, nachgefragt wurde.[32] Zapf machte es sich also zur Aufgabe, eine serifenlose Allround-Schrift zu gestalten: gut lesbar auch im Mengentext, funktionierend in Buchdruck und Offset, Handsatz und Setzmaschinen und zudem mischbar mit möglichst vielen anderen Schriften.

Nach langem Entwicklungsprozess wurde schließlich die *Optima* 1958 von D. Stempel AG bei der DRUPA in Düsseldorf vorgestellt und in mehreren Schriftproben ausführlich beworben. Obwohl Zapf sein Schriftprojekt *Neu-Antiqua*[33] anfangs in seiner Freizeit und nicht im Auftrag von D. Stempel AG entwickelte, hatte er von Beginn an technische Anforderungen und kommerzielle Verwendung im Hinterkopf und so ist die *Optima* »das Resultat vieler Versuche und Beobachtungen.«[34]

2.3 Ausstattung und Formprinzipien der Optima

Die Optima-Familie bestand 1958 aus den Schnitten *Optima Antiqua*, *Optima Kursiv* und *Optima Halbfett*, welche jeweils in den Graden 6 bis 48 Punkt für Handsatz erhältlich waren. Für die *Optima Antiqua* gab es neben den spitzen Formen der Buchstaben M und N zusätzlich stumpfe, sowie für den halbfetten Schnitt zusätzlich ein stumpfes M. Daneben fertigte die Schriftgießerei D. Stempel AG in Kooperation mit der deutschen Linotype GmbH Doppelmatrizen für die Linotype-Setzmaschine an. Diese wurden für die Antiqua/Kursiv-Kombination in den Graden 6, 7, 8, 9 und 10 Punkt[35] vertrieben. Die Antiqua/Halbfett-Matrize wurde zusätzlich in 12 Punkt angeboten[36], da dieser Auszeichnungsgrad für Zwischenüberschriften benötigt wurde. Als Ausstattungsmangel sind die fehlenden Ligaturen zu bewerten. Zapf entwarf fi, ft, fl, ij und tt- Ligaturen[37]. Die beiden letzteren wurden wieder verworfen, was nachvollziehbar ist, da diese wenig gebräuchlich waren. Warum zuletzt

32   Vgl. Schauer, G.K.: Bericht über Vortrag in Gütersloh vom 9.5.1955. Frankfurt am Main: D. Stempel: 1955. WAL 275/9.
33   Auf der Originalzeichnung der Optima steht die Bezeichnung *Neu-Antiqua*, der Name *Optima* wurde von der Geschäftsleitung bei D. Stempel ausgewählt.
34   Zapf, Hermann: Gedanken und Probleme beim Entwurf von Werkschriften. Aus: Philobiblon. Heft 4 (1958), S. 11.
35   Der ungewöhnliche Schriftgrad 7 wurde wegen des erfolgreichen Verkaufsstarts nachträglich produziert.
36   Vgl. Optima-Antiqua.
37   Vgl. Zapf: Entwürfe zur Optima. WAL 61.

allerdings überhaupt keine Ligaturen produziert wurden, ist aus den Quellen nicht ersichtlich.

Die *Optima Kursiv* war keine eigens gezeichnete Kursive, sondern lediglich eine mit Hilfe der Photo-Lettering-Technologie des von Ed Rondthaler geführten Unternehmens Photo-Lettering Inc.[38] um 12° schräg gestellte Antiqua (siehe Schriftprobe auf S. 36). Es finden sich einige Hinweise, warum keine echte Kursive produziert wurde. Laut Kobayashi erzählte Zapf, er hätte wegen der Deadline keine Zeit mehr dafür gehabt,[39] was wenig überzeugend ist, nachdem die *Optima* eine der wenigen Schriften ist, die er nicht primär für den kommerziellen Zweck unter Zeitdruck entwarf, sondern sie privat über Jahre hinweg entwickelte[40]. Wahrscheinlicher ist, dass seine Technik-Affinität ausschlaggebend war für den effizienteren Prozess, nachdem er bereits 1954 die Entwicklung eines schrägen Schnittes mit Hilfe von Fotolinsen getestet hatte, zudem hätten seine »Erfahrungen bei den Lino-Schriften gezeigt, dass für den Anfang eine fette Auszeichnung wichtiger ist als Kursiv (für Zeitung, Katalog usw.).«[41] Die schräg gestellte Antiqua erfüllte zwar ihre Funktion für kleinere Auszeichnungen, darüber hinaus fehlte ihr aber die fließende Eleganz echter Kursiven.

Schriftprobe 1: Optima Roman

Wenn die Form einer Schrift für Bleisatz analysiert wird, darf der Beitrag des Stempelschneiders, der die Form vollendete, nicht unerwähnt bleiben. Dazu Harry Carter: »Much the best indication of the character of a face of type is the name of the person who cut it.«[42] Zapf sah das wohl ähnlich,

---

38 Vgl. Zapf: Über Alphabete, S. 46.

39 Vgl. Wood, Maryrose: Type Digital Perfection. Legendary Type Designer Hermann Zapf, along with Akira Kobayashi, have updated the classic Optima Typeface Zapf created in 1952. In: Step. Januar/ Februar 2003, URL: http://image.linotype.com/files/pdf/oo_home/images/home_06/home_06b/ optnova/step.pdf [21.12.14], S. 111.

40 Vgl. Lange: Anmerkungen zum Gestaltbild der Optima, S. 85.

41 Zapf: Beschreibung der neuen Antiqua. 4.2.1955. WAL 275/1.

42 Crompton: How to look at a reading font.

denn er schrieb in einem Aufsatz: »[E]rst die Stempelschneider schufen die endgültige Form, es ist das ausschließliche Werk dieser Meister, das wir in den Schriftproben der Schriftgießereien in einem kompletten Alphabet sehen.«[43] In der Schriftgießerei war August Rosenberger für den 36-Punkt-Muster-Schnitt zuständig, woraus maschinell die Typen bis 28 Punkt geschnitten und nachbearbeitet wurden. Seine präzise Meisterleistung kann an den Haar- zu Grundstrichwechseln, welche auszeichnend für die *Optima* sind, gemessen werden. Für die Produktion der Linotype-Matrizen war Arthur Ritzel verantwortlich.[44]

Die *Optima* basiert auf den Grundformen einer klassizistischen Antiqua die anfangs getestete humanistische Breitfederführung verwarf Zapf bald wieder. Der Grund für die Umgestaltung war die zu individuelle Ausprägung der Buchstabenformen bei schräger Federführung, die ohne Serifen seiner Meinung nach zu einer Untauglichkeit als Gebrauchsschrift führte: »Alle bisherigen Versuche auf der Basis einer serifenlosen Antiqua betonten zu sehr den Schreibcharakter der Breitfeder«[45]. Die *Optima* hat nach dem klassizistischen Vorbild eine absolut vertikale Achsstellung und variiert stark in der Strichstärke. Das Hauptcharakteristikum der *Optima* sind die Verdickungen an den Grundstrichenden, die auch als Serifenandeutung wahrgenommen werden können. Die Grundidee dieser Verstärkungen nach oben und unten war die günstige Auswirkung gegen die Abnutzung bei häufigem Gebrauch im Bleisatz, da groteske Schriften beim Druckvorgang mit der Zeit runder wurden. Darüber hinaus führen die Strichstärkenunterschiede zu einer schönen Linienführung und somit besserer Leserlichkeit im Mengensatz.

Neben den klassizistischen Charakteristika ist das Prinzip des Goldenen Schnitts ein weiteres wichtiges Formprinzip der *Optima*. Zapf hatte sich schon seit Beginn seiner Karriere mit Studien zu idealen Formen, u. a. von Feliciano, Pacioli, Dürer und Tory,[46] auseinandergesetzt und wies auf die Mängel in den angeblich idealen Konstruktionen der Antiquabuchstaben hin. So kritisierte er den Wechsel zwischen schräger und gerader Neigungsachse der Versalbuchstaben, der die Einheit des Schriftbildes zerstörte. Sein Hauptkritikpunkt war allerdings, dass die Quellen der Idealform, die römisch-griechischen Inschriften, nicht beachtet wurden.[47]

---

43   Zapf, Hermann: Vom Stempelschnitt zur Digitalisierung von Schriftzeichen, S. 303.
44   Vgl. Ebd., S. 308.
45   Vgl. Zapf: Beschreibung der neuen Antiqua. 4.2.1955. WAL 275/1.
46   Vgl. Zapf: Vom Formgesetz der Renaissance-Antiqua, S. 11.
47   Vgl. Ebd., S. 13f.

An der *Optima* hingegen lässt sich der Einfluss dieser gemeißelten Inschriften auf die Buchstabenform gut erkennen. Alle Zeichen außer O, o und 8 besitzen mindestens einen Anstrich, Scheitel oder Endstrich, der konkav gewölbt ist, da auch die Buchstaben der römischen Inschriften durch die Meißel-Technik keinen geraden Abschluss hatten, »wodurch jener elegante Schwung der Serifen entstand, die alle Konstruktionen der Renaissance von Feliciano bis Tory vermissen lassen.«[48]

Im Vergleich zu den wenig zufriedenstellenden Formprinzipien dieser Renaissance-Konstrukteure wurde Zapf bei dem Gestalter und späteren Freund Raúl M. Rosarivo fündig. Dieser entwickelte aus seinen Inkunabelstudien goldene Proportionen für die Typografie. Zapf überarbeitete dessen Werk *Divina proportio typographica* für den deutschsprachigen Markt[49] und übernahm Ideen für seine Schriftgestaltung. So richtete er z. B. das Verhältnis der Großbuchstaben zu den Mittellängen der Kleinbuchstaben der *Optima* an den *Goldenen typographischen Proportionen* aus.[50] Die Proportionen (s. Schriftprobe auf S. 31.) der meisten Versalien (A, G, J, M, N, Q, U, W) und auch einiger Minuskeln (e, g) sind reine Antiquaformen nach dem Vorbild der Kapitalis, der Inschrift auf der Trajan-Säule[51].

2.4 Stilgeschichte und Klassifikationsschwierigkeiten

An dieser Stelle soll eine stilgeschichtliche Einordnung erfolgen, denn »[d]ie Form der Buchstaben ist ein Regelergebnis, das durch Variation der ihr vorausgegangenen Altform entstand und von ihren Regel- und Impulsanteilen bestimmt ist.«[52]

Der gemeinsame Ursprung der Buchstabenformen des lateinischen Alphabetes sind die römischen Inschriften, bei denen Kapitalbuchstaben nach griechischem Vorbild in Stein gemeißelt wurden, teils mit Querschlägen an den Strichenden, teils ohne. Die Antiqua entwickelte sich aus der Form der humanistischen Minuskel die wiederum auf die karolingische Minuskel zurückging ergänzt durch Versalien aus der römischen Kapitalis.[53]

---

48   Ebd., S.13.
49   Rosarivo, Raúl M.: Divina proportio typographica: Das Buch vom goldenen typographischen Modul 1:1,5 in den Proportion 2:3, dem Modul von Johannes Gutenberg und seiner Zeitgenossen. Bearb. d. dt. Ausg. von Hermann Zapf. Scherpe: Krefeld 1961.
50   Zapf: Über Alphabete, S. 47.
51   Vgl. Zapf: Gedanken und Probleme beim Entwurf von Werkschriften, S. 12.
52   Nerdinger: Buchstabenbuch, S. 79.
53   Vgl. Ebd., S. 40–44.

Die Breitfederführung der humanistischen Handschrift im 15. Jahrhundert, die Vorbild für die Entwürfe der ersten Antiqua-Druckschriften (Die erste Druck-Antiqua war die »Jenson«) wurde, führte zu einem dynamischen, gut lesbaren Schriftbild. Mit dem Wechsel von der breiten zur spitzen Schreibfeder und der Verfeinerung der Drucktechnik veränderte sich die über die Jahrhunderte auch die Form der Antiqua. Die Serifen wurden horizontaler und die Strichstärkenunterschiede größer bis hin zur statischen Form der klassizistischen Antiqua. Obwohl es serifenlose Schriften bereits seit der Antike gab, wurden sie als Druckschrift erst ab dem 19. Jahrhundert verwendet weshalb im deutschen Sprachraum die Bezeichnung »Groteske« für die damals ungewöhnliche Buchstabenform entstand.[54]

Ziel des vorhergehenden Abschnittes war, eine stilgeschichtliche Grundlage zur Klassifikation der *Optima* zu liefern. Ein erster Ausgangspunkt ist die 1964 in der ausgehenden Bleisatzzeit festgelegte und elf Klassen umfassende DIN-Norm 16518 zur Schriftenklassifikation. Die Klassen eins bis sechs orientieren sich an der entstehungsgeschichtlichen Zeitachse von venezianischer und französischer Renaissance-Antiqua, über Barock- und klassizistische Antiqua hin zur serifenbetonten Linearantiqua und der serifenlosen Linearantiqua.[55] »Die Klasse 7 der Schriftenklassifizierung nach DIN 16518 ist ein Sammelbecken für Schriften, die über Merkmale der Antiqua verfügen, wegen abweichender Eigenschaften aber nicht den Vorgängerklassen zuzurechnen sind.«[56]
In diese siebte Klasse der Antiqua-Varianten, die für schwierig einzuordnende Fälle geschaffen wurde, fällt die *Optima*, da ihre Strichstärke zu stark variiert, um als Linearantiqua kategorisiert zu werden.

Das oft kritisierte, starre DIN-System gab Gestaltern Anlass, neue Ansätze zu entwickeln. Erwähnenswert ist zum einen das auf Formkriterien aufgebaute Konzept von Max Bollwage. Die Hauptgruppen sind *humanistische, klassizistische, freie* und *geschriebene* Formen. Diese Untergruppen werden nach den Strichstärkenkontrasten unterschieden. Hier wird die *Optima* allerdings in die Hauptgruppe I »Antiquaschriften Schriften mit deutlichem

54   Vgl. Caflisch: Schriftanalysen Bd.2, S. 54f.
55   Vgl. Schriftklassen. In: Schriftgestaltung.com. https://schriftgestaltung.com/schriftgestaltung/
     schriftklassen [01.12.14].
56   Vgl. Antiqua-Varianten. In: Schriftgestaltung.com. https://schriftgestaltung.com/schriftgestaltung/
     schriftklassen/antiqua-varianten.html [01.12.14].

Strichstärkenkontrast und meistens Serifen«, Untergruppe A »Nach humanistischem Muster«, Kategorie »ohne Serifen« einsortiert.[57]

Nach diesem Schema müsste die *Optima* aber in die Untergruppe »Nach klassizistischem Muster« verschoben werden, da sie eben nicht auf dem Vorbild der humanistischen Handschrift beruht, sondern auf das klassizistische Formprinzip der geraden Achsstellung und hoher Strichstärkenvarianz zurückgeht.

Zuletzt gibt es aber auch ein für die Einordnung der *Optima* äußerst gelungenes Klassifikationssystem von einer der ersten digitalen »Schriftgießereien« *Bitstream*: Die Antiqua-artigen Schriftschnitte werden in historischer Anlehnung der römischen in Stein gehauenen Inschriften als »Latins« bezeichnet, die Untergruppe als »Flareserif« auseinanderstrebende Grundstrichenden,[58] was sowohl entstehungsgeschichtlich der *Optima* am nächsten kommt, als auch das Hauptcharakteristikum der Schriftform korrekt kategorisiert.

2.5 Kritische Stimmen zur Optima

Abschließend ist es interessant nachzuforschen, ob die Rezeption der *Optima*[59] so positiv war, wie die Leitung bei der Stempel AG bereits im Schriftnamen impliziert hatte. In Publikationen von und über Zapf wurde sie zumeist als sein Meisterwerk gepriesen: Die *Optima* entspräche »den Erfordernissen des heutigen Satzes und Druckes so gut wie denkbar«[60] und bewahre dennoch »die gewollte Form [...], weil der Gestalter mit den Hindernissen in souveräner Weise fertiggeworden ist.«[61] In der letzten Korrekturphase 1958 holte Zapf zahlreiche Meinungen zu *Optima*-Schriftproben von seinen Kollegen und Freunde ein. So meinte Paul Standard, Kalligraf und Freund Zapfs aus New York euphorisch:

The world of printing has, in Optima, a chance to redeem the ground
lost by the indiscriminate over-use of sans serif types. Now a page

---

57 Vgl. Bollwage: Formen und Strukturen. Gedanken über eine moderne Klassifikation der Druckschriften. In: Gutenberg Jahrbuch. Hrsg. von der Gutenberg-Gesellschaft. Mainz: 2000, 321–324.

58 Vgl. Caflisch: Schriftanalysen. Bd.2, S. 161f.

59 Zapfs Vorschlag war *Neu-Antiqua*, verlor aber gegen den Vorschlag der Vertriebsleiter von D. Stempel. Noch heute sträubt sich Zapf gegen den unbescheidenen Schriftnamen. Vgl. Zapf: Alphabetgeschichten, S. 42.

60 Schauer, G. K.: Vorwort zu Zapf: Über Alphabete, S. 8.

61 Ebd.

of print need no longer suffer the anaemia and monotonous texture which have so often disfigured our printing.[62]

Ein Leiter des New Yorker Typografie-Büros *Huxley House,* Franz C. Hess, schrieb an Zapf ausführlich über die Eignung der *Optima* als Werkschrift. Bisher empfand er das Fehlen von Serifen im Mengensatz für den Textfluss extrem störend, stellte nun aber fest: »Ich glaube wirklich, dass du die vertikale Schwingung weitgehend überwinden konntest«[63], allerdings nur in den Graden 8 und 9 Punkt. Diese stellten seiner Meinung nach durch die weiten und gedehnten Buchstabenform und die offenen Punzen im Vergleich zu Paul Renners *Futura* am besten eine horizontale Wirkung her. Negativ fielen ihm hingegen die Grade 6 und 7 Punkt durch zu enge, sowie 10 und 12 Punkt durch zu breite Laufweite auf. Dafür sind »Form, Proportionen und Ausdruck […] in bewunderungswürdiger Weise von Dir gelöst worden.«[64]

Den Bedarf an einer Allroundschrift als Alternative zur Futura sahen v.a. amerikanische Typografen. So wurde im *Handbook on Display* 1959 zur *Optima* geschrieben: »One of the first really interesting sans-serif faces to be introduced since FUTURA and its competitors were produced«[65]. Begeistert von der *Optima* zeigte sich ebenfalls der Schweizer Typograf und spätere Kollege von Zapf, Max Caflisch: Er merke, dass sich Zapf an der Arbeit Zeit ließ und sähe die Schrift »gerne für Schulbücher der unteren Stufen, als Übergang von der Grotesk zur Antiqua.«[66] Besonders gefiel ihm, dass die Antiqua »ruhig und klar«[67] ist und auch der schräge Schnitt »von wohltuender Ruhe«[68]. Er kritisierte die Form des U, die »zu breit und offen wirkt gegenüber den anderen Lettern«[69], allerdings hatte er auch nur eine Zeile Text vorliegen. Abschließend verkündete er: »Je länger ich die Schrift betrachte, umso mehr freue ich mich über ihre wundervolle Form.«[70]

Minuspunkte bekam die Schrift allein durch die Ausstattungslücken. Günter Gerhard Lange, langjähriger künstlerischer Leiter der Schriftgieße-

62   Standard, Paul: zu Optima. Meinungsumfrage auf der DRUPA: »Wie gefällt Ihnen unsere Optima, die neueste Schrift von Hermann Zapf, erschienen auf der DRUPA 1958?« am 30.6.1958. WAL 61/25.

63   Franz C. Hess an Hermann Zapf am 24.2.1958. Betr.: Optima. Huxley House: New York 1958. WAL 61/43f.

64   Ebd. WAL 61/45.

65   K.B. Butler und G.C. Likenees: Optima-Rezension. Auszug aus »Handbook on Display Typefaces« USA 1959. WAL 61/62.

66   Max Caflisch an Hermann Zapf am 12.6.1958. WAL 61/54.

67   Ebd.

68   Ebd. WAL 61/55.

69   Ebd.

70   Ebd.

rei Berthold, schrieb 1989: »Eine wünschenswerte Ergänzung wären Mediae-val-Ziffern für alle Garnituren. Bisher gibt es diese nur in der mageren Versi-on.«[71] Auch wenn diese Kritik zutreffend ist, vernachlässigte er die Tatsache, dass es bis zur Neugestaltung 2002 überhaupt keine Mediäval-Ziffern für die *Optima* gab. Weiterhin ging er auf die technologischen Einschränkungen[72] ein, wodurch der schräge Schnitt für ihn »etwas zu breit im Verhältnis zur Geradstehenden«[73] wirkte und in der halbfetten Auszeichnung »erscheinen einige Buchstaben als zu eng, kurz, der freie souveräne Zug, der der Grund-schrift eigen ist, kommt hier nicht so selbstverständlich zum Ausdruck.«[74] Erwähnenswert ist, dass Langes Arbeitgeber, die Schriftgießerei Berthold, in direkter Konkurrenz zu der Stempel AG stand. Trotz der vorangegangen fachlichen Kritik, die alles in allem sehr dezent ausfiel, bezeichnete er die *Optima*-Familie als ein Modell, »dessen Grundprinzipien beispielhafte Vor-gaben sind, die auf dem schwierigen Pfad des Schriftschaffens neue Ausbli-cke eröffnen, wo sich der Kalligraph zuchtvoll zu beschränken wusste und das Wagnis des Experimentes eingegangen ist.«[75]

Zusammengefasst fiel die Rezeption der *Optima*-Familie von allen Seiten überwiegend positiv aus. Einschränkend wurden allein kleine Details oder gegebene technologische Beschränkungen genannt, die für alle Schriften auf dem damaligen Markt galten.

71 Lange: Anmerkungen zum Gestaltbild der Optima, S. 87.
72 Diese technologischen Einschränkungen galten natürlich nur für die Blei-Optima.
73 Ebd.
74 Ebd., S. 88.
75 Ebd.

3 EINFLÜSSE AUF DIE ENTWICKLUNG DER OPTIMA

Die jeweils vorherrschende Satztechnologie Bleisatz, Fotosatz und Digitalsatz übte großen Einfluss auf den Schriftgestaltungsprozess aus, da die verschiedenen Technologien die Möglichkeiten der Formgestaltung begrenzten, bzw. freiere Formen erst ermöglichten. Neben den Auswirkungen dieser technologischen Einflüsse auf die *Optima* wird zudem untersucht, wie die Schriftfamilie über die Jahrzehnte erweitert wurde, sodass die Anzahl der Schnitte von anfänglich drei auf sechzehn anstieg.

3.1 Schwierigkeiten des Hand- und Zeilensatzes

Im Stempelschnittverfahren für die Handsatz-Bleilettern war der Entstehungsprozess vom Entwurf bis zum fertigen Schnitt sehr langsam. Die Buchstaben mussten für jeden Schriftgrad neu geschnitten und in mehreren Testabzügen überprüft und korrigiert werden. Daraus ergab sich einerseits der Vorteil, dass die Zeichenproportionen für jeden Schriftgrad einzeln angepasst werden konnten. Andererseits war das Verfahren extrem zeitaufwändig und erforderte bereits für die Herstellung eines regulären Schriftschnitts in verschiedenen Graden eine hohe Investition der Schriftgießerei.[76]

Zusätzlich musste bei den Schriftentwürfen bereits an die Einschränkungen der Linotype-Setzmaschine bedacht werden. Durch die vorgegebene Stempelbreite waren überhängende Buchstabenverbindungen (Wo, Vo, etc.) technisch nicht möglich und die eigentlich dynamische Linienführung der Kursiven wurde sehr starr. So konnte zum Beispiel das »*f*« eines echten kursiven Schnitts nicht unter angrenzende Zeichen hinausreichen. Möglicherweise waren eben diese Einschränkungen ein guter Grund für Zapf, auf eine echte *Optima*-Kursive zu verzichten.

76   Vgl. Weichselbaumer: Das typografische Werk Hermann Zapfs, S. 82f.

Ein weiterer Faktor, der die Idealform des Buchstabens begrenzte, war der Fräsungsprozess des für die Herstellung der Matrize notwendigen Stahlstempels. Hierbei wurden spitze Winkel abgerundet und mussten aufwändig von Hand nachgeschnitten oder bereits im Entwurf berücksichtigt werden.[77] Eine besondere Herausforderung für den Schriftgestalter stellten die Doppelmatrizen dar. Dabei wurde auf einer Matrize eine Kombination eines Buchstabens des regulären Schnitts mit einem des Auszeichnenden geprägt, wobei sich das Problem ergab, dass beide Zeichen eine identische Dickte besaßen. Im Handsatz lief die Kursive enger und die halbfette Auszeichnung breiter.[78] Für die Doppelmatrizen musste der Gestalter also einen Kompromiss zwischen den unterschiedlichen Dickten des Normal- und Auszeichnungsschnitts eingehen, um ein halbwegs einheitliches Schriftbild zu gewähren.

Aus Kosten- und Effizienzgründen wurden die meisten Schriften bei der Stempel AG auf Grundlage der Linotype-Matrizen angefertigt. Dafür wurden die Handsatz-Matrizen in den Graden 6-12 Punkt direkt von den Stempeln für die Linotype-Matrizen abgeschlagen. Für die größeren Grade, die nur für den Handsatz produziert wurden, wurden die Bohrschablonen der Linotype-Produktion übernommen.[79]

Die Geschäftsleitung des Unternehmens legte großen Wert darauf, dass eine Schrift für alle Technologien identisch war.[80] Daraus ergab sich die gegenseitige Übertragung der technischen Begrenzungen im Herstellungsprozess von Bleilettern für den Handsatz und Linotype-Matrizen zu Ungunsten der Schriftform.

3.2 Notwendigkeit der Erweiterung der Schriftfamilie

Bereits kurz nach Vertriebsstart gingen bei der Schriftgießerei die ersten Anfragen nach Erweiterungen der *Optima* ein und auch bei den Herstellungsleitern des Unternehmens ergab »sich die Frage, ob sie [die *Optima*, Anm. A. H.] sich mit den bisherigen drei Garnituren allein den Platz erobern kann, der ihr dank ihres neuartigen und mehr oder weniger einmaligen Charakters zukommen könnte.«[81]

---

77   Vgl. Weichselbaumer: Das typografische Werk Hermann Zapfs, S. 85f.

78   Vgl. Zapf, Hermann (zusammengestellt): Atlas zur Geschichte der Schrift. Bd.3: Ausgewählte Schriftbeispiele des 20. Jahrhunderts. Darmstadt: Technische Hochschule 1989, S. 2.

79   Vgl. Weichselbaumer: Das typografische Werk Hermann Zapfs, S. 134.

80   Vgl. René Kerfante an Hermann Zapf vom 23.10.1984. Frankfurt a. M.: D. Stempel AG. WAL 77/5.

81   : Schauer, G.K.: Aktennotiz vom 23.6.1961. Frankfurt a. M.: D. Stempel AG. WAL 222/1.

Es schien »die ja bereits versuchte leichte Verfettung durch Vorbereitung eines solchen Schnittes geboten«[82] und es sollten ohne neue Zeichnungen die Änderungen der Matrizen für den Handsatz »von Herrn Ritzel vorgenommen werden.«[83] Denn obwohl bei der Gestaltung der *Optima* das Anwendungsgebiet Zeitungsdruck nicht bedacht worden war[84], stellten einige Zeitungen, z. B. die Wiener Zeitung *Kurier*, die *Neues Österreich* und die Gewerkschaftszeitung *Solidarität*, auf diese Schrift um. Allerdings bedauerten sie die geringe Verfügbarkeit an Auszeichnungsmöglichkeiten und die Probleme im Rotationsdruck auf Grund der zu mageren Strichstärke und hofften auf baldige Erweiterungen der Schriftfamilie.[85] So schrieb auch Schulz-Anker von der Stempel AG 1962 wenig später in einer Aktennotiz:

Beobachtungen über einen langen Zeitraum hinweg zeigen, daß die Optima über ihre Verwendung im Buch hinaus mehr und mehr an Bedeutung auch auf anderen typographischen Gebieten gewinnt, z. B. in den verschiedensten Zeitschriften, in Broschüren, Katalogen, Prospekten, Geschäftsberichten und im Akzidenzsatz aller Art. [...] Ich persönlich bin der Ansicht, dass die Optima erheblich an Verbreitung gewinnen könnte, wenn es weitere Auszeichnungsgarnituren und einen etwas kräftigeren Schnitt gäbe als den normalen.[86]

Nachdem sich der Erfolg der *Optima* abgezeichnet hatte, brachte außerdem die Konkurrenz bald ähnliche Produkte auf den Markt:

Bei diesen Überlegungen sollte nicht außer acht gelassen werden, daß die Lettergieterie [sic!] mit der Pascal[87] eine der Optima sehr nahe kommende Schrift herausgebracht hat, die im normalen Schnitt kräftiger angelegt ist, und daß dieser Schrift auch in der Bundesrepublik stark propagiert wird. Eine entfernte Ähnlichkeit zeigt auch die neuerdings bei Ludwig & Meyer herausgebrachte ›Permanent‹ [...]. Da ein kräftiger Optima-Schnitt auf weite Sicht gesehen m.E. auf jeden Fall zweckmäßig ist, ist es sehr empfehlenswert, die Arbeiten

---

82   Schauer, G.K.: Aktennotiz vom 9.8.1961 über die Teilnahme an der 11. Tagung der Herstellungsleiter in Schliersee vom 5.5.–4.6.1961. Frankfurt a. M.: D. Stempel AG. WAL 222/1.

83   Ebd., WAL 222/2.

84   Speziell für den Zeitungsdruck entwarf Zapf 1948 die Schrift Melior.

85   Vgl. Besprechung vom 22.10.1962 in der Zeitungsdruckerei Waldheim-Eberle in Wien. 7.11.1962. WAL 222/4.

86   Schulz-Anker, Erich: Aktennotiz vom 2.12.1962. Frankfurt a. M.: D. Stempel AG. WAL 222/6f.

87   Pascal. Gezeichnet von José Mendoza y Almeida, Lettergieterij Amsterdam 1960.

möglichst bald aufzunehmen, solange die Optima noch weitgehend konkurrenzlos dasteht.[88]

Zusätzlich zum kräftigen Schnitt wurde bereits seit 18 Monaten eine passende Auszeichnung geplant die Verfettung und Schrägstellung sollte bei der Photo-Lettering Inc. in New York getestet werden[89], ohne über diese Testphase hinauszugehen. Zapf sammelte die zahlreichen Nachfragen und Erweiterungsvorschläge von der Stempel AG und Linotype. Ein fehlender kräftigerer Schnitt betraf v. a. Zeitungsverlage in den Schriftgrößen 8 und 9 Punkt und Werbeagenturen für Schnitte ab 48 Punkt. Für diese Bedürfnisse entwarf er einen neuen Schnitt[90], der in der Stärke zwischen dem bestehenden mageren und halbfetten einzuordnen ist.

Die vor allem in den USA enorm hohe Nachfrage nach Bleitypen und Linotype-Matrizen der *Optima* kam überraschend für Zapf und Stempel AG, was die Entscheidungsträgheit, die die Erweiterung der Schriftgarnitur begleitete, zum Teil erklärt. Der Ausbauprozess wurde außerdem durch das Interesse der kooperierenden Unternehmen D. Stempel AG und Mergenthaler Linotype, die Schriftgarnituren für Hand- und Liniensatz einheitlich zu gestalten, extrem verlangsamt. Letzten Endes war der Fotosatz schon so weit auf dem Vormarsch, dass es sich nicht mehr lohnte, weitere Schnitte für die überholte Technologie der Linotype zu produzieren. Im nächsten Kapitel wird untersucht, wie die neue Technologie, Fotosatz, die Schriftgestaltung beeinflusste.

3.3 Anpassung der Schriftfamilie an das Fotosatzsystem

Zapf maß der Entwicklung des Fotosatzes eine unüberbietbar hohe Rolle für die Schriftgestaltung bei: »Der Einfluß auf die Buchstabenformen wird durch den Photosatz von ähnlich tiefgehender Wirkung sein, wie der Schriftguß im 15. Jahrhundert auf die handgeschriebenen Formen der mittelalterlichen Mönche.«[91] Nach Fertigstellung der *Optima*-Familie stellte er heraus, dass »die Schrift so entworfen [ist], daß sie später ohne Umzeichnung für den Photosatz auf der ›Linofilm‹ verwendbar ist.«[92] Er erkannte zwar früh die Bedeutung der sich seit den 1960er Jahren in Deutschland verbreitenden

---

88   Ebd., WAL 222/6f.

89   Vgl. Schulz-Anker, Erich: Aktennotiz, Betr.: Kräftige Optima vom 3.7.1961. Frankfurt a. M.: D. Stempel AG. WAL 222/3

90   Vgl. Hermann Zapf an Ed Rondthaler vom 19.11.1963. WAL 222/10.

91   Zapf, Hermann: Type design for tomorrow. Aus: Linotype Post 63 (1965), S. 21.

92   Zapf: Gedanken und Probleme beim Entwurf von Werkschriften, S. 12.

Fotosatzmaschinen[93], aber er konnte nicht alle Probleme und technischen Eigenheiten vorhersehen und für den ersten Schnitt berücksichtigen.

Wurden Bleitypen noch für alle Grade einzeln vorgeschnitten und nach Erfahrungswerten in ihren Proportionen ausgeglichen, nahm beim Fotosatz die Schriftstärke linear zur Schriftgröße zu bzw. ab und es entstand v. a. bei kleinen Graden ein deutlicher Fettunterschied zur handwerklich hergestellten Originalbleischrift.[94] Von der Vorlage für die Linotype ausgehend, musste die Laufweite der Kursivschnitte deshalb für den Fotosatz wieder verringert werden. Außerdem musste das fotospezifische Problem der Abrundung aufgrund der Überstrahlung durch überspitzte Zeichnung der Ecken gelöst werden.[95]

Diese Probleme sollten aber nicht über die schwerwiegenderen Vorteile des Fotosatzes für die Schriftgestaltung hinwegtäuschen. Die starren Formen des Bleisatzes wurden mit der neuen Technologie überwunden. Mit der Entwicklung vom manuellen zum lichtpunktgesteuerten Fotosatz wurden zudem die Ästhetik-Programme kontinuierlich besser.[96] So bot die neue Technologie »schier unbegrenzte Möglichkeiten der Variation von Schriftformen.«[97] Zweifelsohne konnten im Fotosatz die neuen Freiheiten auch missbraucht werden: Das Kerning konnte frei erzeugt werden; die fotomechanische Verschmälerung der Schnitte wurde bis zur Überlappung der Buchstaben ausgereizt. Ligaturen wurden deshalb nicht mehr gesondert entworfen, für die Ästhetik der Form stellte dies aber trotzdem einen Unterschied dar: »[B]ecause there was no longer any technical reason for ligatures, they have tended to disappear as an extravagance [...] and the overlaps which replaced them are often clumsily handled.«[98] Für Schriftgestalter wie Zapf bedeuteten die neuen Möglichkeiten einen enormen Fortschritt in Richtung freiere, kalligrafische Formen: »Through such interpretations and modifications, we can widen our typographic design posibilities provided we do so tastefully.«[99]

Folgendes Beispiel zeigt, wie schnell Schriftdeformierungen durch Fotosatz im Vergleich zum Bleisatz möglich waren: Die Photo-Lettering Inc.

93 Vgl. Zapf: Vom Stempelschnitt zur Digitalisierung von Schriftzeichen, S. 309.
94 Vgl. Zapf, Hermann: Die Veränderung der Schriftform durch die technische Entwicklung. In: Polygraph Jahrbuch 1969. Hrsg. von Rudolf H. Schulz. Frankfurt am Main: Polygraph Verlag 1986, S. 9–19, S. 18.
95 Vgl. Weichselbaumer: Das typografische Werk Hermann Zapfs, S. 208.
96 Vgl. Zapf: Atlas zur Geschichte der Schrift, S. 125.
97 Zapf: Atlas zur Geschichte der Schrift, Vorwort.
98 Carter, Sebastian: Twentieth century type designers. New York: Taplinger 1987, S. 138.
99 Zapf: Letterpress Printing, Photocomposition, and Desktop Publishing, S. 9.

zahlte Zapf eine zusätzliche Nutzungsgebühr wegen temporär für Fotosatz hergestellte Schriftschnitte, da oftmals bei wenigen Worten ein schmälerer, breiterer, schrägerer oder kräftigerer Schnitt benötigt wurde.[100]

Zapf nahm die Einführung des neuen Satzsystems zum Anlass, auf die komplette Überarbeitung seiner Schriften zu drängen, was meist nicht mit den Kompatibilitätswünschen der Gießereien und Satzsystemhersteller einherging. Die deutsche Linotype wollte den Kunden den Übergang von Blei- zu Fotosatz nicht durch Formänderungen erschweren: »Eine Änderung [der Zurichtungen] würde zu Schwierigkeiten bei Umsteigern von alten auf neue Maschinen führen, da diese Kunden von Maschine zu Maschine dicktenkompatible Schriften erwarten.«[101] Zapf argumentierte, dass erstens die Mischung der Technologien im Satz ohnehin auffiele und zweitens Qualität und Zukunftstauglichkeit der Schriften wichtiger seien als kurzfristige Absatzsteigerungen[102]. Mitte der 1960er Jahre konnte er aber zumindest bei der amerikanischen Mergenthaler Linotype die Adaption seiner erfolgreichsten Schriften, darunter die *Optima*, für den Fotosatz vornehmen.[103] Obwohl Zapf sich später zukunftsorientierte Gedanken beim Entwurf des normalen Schnittes attestierte, wurde die Grundschrift 1958 doch hauptsächlich für den Buchdruck entworfen. Dabei wurden die Quetschränder, die durch das Buchdruckverfahren entstanden, mit in die Schriftstärke einberechnet. Beim Offsetdruck und für gestrichenes Papier entfiel dieser Effekt später und als neuer regulärer Schnitt wurde ein kräftigerer, die *Optima Medium* veröffentlicht. Zusätzlich zum kräftigeren entwarf Zapf selbst zwischen 1963 und 1966 einen fetten Schnitt. Um die Nachfrage zu bedienen, ließ die Mergenthaler Linotype Variationen einiger Schnitte anfertigen und erstellte kursive Schnitte zu den Stärken halbfett und fett.[104]

Der Verkauf von Linofilm-Setzmaschinen nach Griechenland durch die Mergenthaler Linotype Company 1971 schuf außerdem eine dringende Nachfrage nach passenden griechischen Alphabeten. Neben einer bereits umgesetzten griechischen *Helvetica* wurde Zapfs *Optima* aufgrund ihrer Formen, die u. a. auf griechische Inschriften zurückgingen, als besonders geeignet angesehen, um die Marktlücke zu füllen. Für den Ausbau der Schriftfamilie sollte vorerst ein regulärer Schnitt produziert und bei erfolgreichem

100 Vgl. Ed Rondthaler an Hermann Zapf vom 21.5.1963. New York: Photo-Lettering Inc.WAL 222/8.
101 René Kerfante an Hermann Zapf vom 23.10.1984. Frankfurt a. M.: D. Stempel AG. WAL 77/5.
102 Vgl. Weichselbaumer: Das typografische Werk Hermann Zapfs, S. 209.
103 Vgl. Ebd., S. 208.
104 Vgl. Zapf: Auflistung diverser Schnitte der Schriften Optima, Palatino und Melior. WAL 77/1.

Absatz um einen kursiven und einen sehr kräftigen ergänzt werden. Zapf entwarf dabei für ein geringes Honorar den neuen Schnitt, die Anpassung der 48p-Zeichnungen auf das 18-Unit-System übernahmen die amerikanischen Kollegen.[105] Die Grundformen der *Optima* – senkrechte Neigungsachse und Verdickungen der Grundstrichenden – blieben bei der Übertragung ins griechische Alphabet bestehen. Im Vergleich zum eindeutigen Antiqua-Formprinzip des lateinischen Schriftschnittes vereinfachte er die geschwungenen Minuskeln des griechischen Alphabetes zu Grundformen im Stil grotesker Schriften.[106] Der Verkauf des *griechischen* Alphabets für die Linofilm-Setzmaschine schien zufriedenstellend zu laufen, denn drei Jahre nach dem mageren kamen 1974 zwei weitere Schnitte, Kursiv und Fett,[107] dazu.

Erst Anfang der 1980er Jahre, als Zapf bei der Firma Hell bereits an der Digitalisierung der *Optima* arbeitete, wurden die Garnituren[108] in den Stärken Bold, Black und Extra-Black für den Fotosatz erstellt, bzw. die bereits bestehenden Stärken Medium und Demi Bold überarbeitet. Zapf beklagte sich über die Starrheit der Entscheidungsträger bei D. Stempel und Mergenthaler Linotype: »Bleisatz im Photosatz zu imitieren, war von Anfang an falsch. Das Verkaufsargument der Linotype für Photosetzmaschinen, dass man beide Satzarten mischen kann, war ein schlechter Kundendienst.«[109] Zur Qualität der dadurch verstümmelten Buchstaben bemerkte er: »Es wäre doch schade, wenn die Kopien meiner Schriften und die Lizenzen besser aussehen, als das ›Original‹ bei Mergenthaler/Stempel.«[110]

Die Probleme der Kooperation zwischen D. Stempel und der Mergenthaler Linotype wirkten sich dergestalt aus, dass teilweise Monate vergingen, bis seine Korrekturen bearbeitet wurden. Das bedeutete, dass in dieser Zeit D. Stempel »keinerlei Lizenzen vergeben könnte, da keine einwandfreien Vorlagen zur Verfügung [waren].«[111] Nachteilig wirkte sich das jahrelange Warten für Zapf und seine Auftraggeber dergestalt aus, dass dadurch die Verbreitung selbstentwickelter Erweiterungen und Kopien aus der Not oder Gelegenheit unterstützt wurden, was hohe ökonomische Einbußen bedeutete.

Die Ära des Fotosatzes war also eine Zeit, in der die Konflikte mit dem Lizenzgeber seiner Schriften, D. Stempel AG, hochkochten. Für die Schrift-

---

105 Mike Parker an Hermann Zapf vom 25.3.1971. New York: Mergenthaler Linotype. WAL 67/14f.

106 Vgl. Weichselbaumer: Das typografische Werk Hermann Zapfs, S. 210.

107 Zapf: Herman Zapf and his design philosphy, S. 131.

108 Jeweils aufrechter und schräg gestellter Schnitt.

109 Hermann Zapf an René Kerfante vom 23.1.1985. WAL 77/8.

110 Hermann Zapf an René Kerfante vom 10.12.1984. WAL 77/7.

111 Ebd.

gießerei gab es mehrere Gründe, die Schriften von den Original Bleisatzzeichnungen auf Fotosatz übertragen zu lassen: Zum einen mussten die Neuzeichnungen des Schriftgestalters im Vergleich zu einem Musterentwurf für den Stempelschnitt absolut präzise sein[112], wofür viele Arbeitsstunden zu bezahlen waren. Zum anderen wollten sowohl D. Stempel als auch die Mergenthaler Linotype ihre Kunden nicht verunsichern und Zapf konnte sie mit seiner Argumentation über Jahrzehnte nicht überzeugen. Gegenüber diesen ökonomischen Betrachtungen stand immer die Angst des Gestalters vor der Deformierung seiner Schriften. Persönlich löste Zapf das Problem, indem er seine Schriften als Vorlage für eine komplette Überarbeitung unter neuem Namen gestaltete[113] oder die nötigen Korrekturen ohne Bezahlung[114] vornahm.

Letztendlich profitierte die *Optima* von den erweiterten Möglichkeiten des Fotosatzes. Die Schriftfamilie konnte zeit- und kostengünstiger um einige Garnituren erweitert und für den griechischen Sprachraum adaptiert werden. Obwohl die Gesetze der starren Bleilettern nicht mehr galten, mussten die Formen sich trotzdem den Restriktionen der Technik unterordnen. Die Ära des Fotosatzes brachte die Schrift einen Schritt näher in Richtung der vom Gestalter erdachten Idealform.

3.4 Digitalisierung der Optima

Die bahnbrechende Technologie zur digitalen Speicherung von Schrift in Raster, bzw. Bitmaps wurde von Rudolf Hell für seine 1965 vorgestellte *Digiset* verwendet. Die Schriftgestalter mussten für diese Technologie anfangs von Hand schwarze Quadrate malen und so eine Bitmap für jedes Zeichen erstellen, sodass am Ende der komplette Schriftsatz digitalisiert vorlag. Um den dabei entstandenen »verpixelten« Treppeneffekt an Rundungen möglichst gering zu halten, mussten die Bildpunkte für das Digiset-System in fünf verschiedenen Auflösungen erstellt werden, die auf Ausdrucken durch Retusche korrigiert werden konnten. Zur Erstellung einer »Kursiven« wurde das Raster im Winkel der Schrift schräg gestellt.[115] In der Weiterentwicklung war es dann möglich, die Entwürfe einzuscannen und am Bildschirm,

---

112 Vgl. Zapf: Letterpress Printing, Photocomposition, and Desktop Publishing, S. 7.
113 Zapf zeichnete einige seiner Schriften für das Hamburger Softwareunternehmen URW um, die Optima hieß dann z. B. URW Classico.
114 Telefongesprächsnotiz von Hermann Zapf zwischen ihm und René Kerfante am 23.10.1985. WAL 77/11.
115 Vgl. Weichselbaumer: Das typografische Werk Hermann Zapfs, S. 197.

z. B. unter Verwendung des Schriftgestaltungsprogramms *Ikarus*, nachzube-
arbeiten.[116] Damit unterschied sich der Entstehungsprozess einer Schrift für
Digitalsatz enorm vom Fotosatz, bei dem die letzte Stufe des Eingriffs durch
den Gestalter die zu belichtende Zeichnung war. Genauso wie bei der Einführung des Fotosatzes wurden die alten Schriften größtenteils unverändert
übernommen, ohne auf Probleme und Möglichkeiten der neuen Systeme
einzugehen.

Zapf überarbeitete die *Optima* von 1979 bis 1982 für die Digiset-Setzma-
schine des Unternehmens Dr.-Ing. Rudolf Hell[117]. Dabei testete er mit *Ikarus* auch die Erstellung einer um 12% bzw. 15% verschmälerten Version der
Schrift[118], die aber nie umgesetzt wurde. Digitalisiert wurden vorerst nur die
Grundgarnituren *Optima Antiqua* und *Optima Halbfett* mit jeweils elektro-
nisch erzeugter Kursive.

Nachdem die Optima schon mehrfach von Dritten in das kyrillische
Alphabet[119] übertragen wurde, beauftrage die Linotype-Hell AG Anfang
der 1990er Jahre Zapf die *Optima* für die Sprachbereiche Russisch, Serbisch,
Ukrainisch und Bulgarisch zu erweitern. Bestandteil des mit PostScript pro-
duzierten neuen Fonts, der die Schnitte *Optima Cyrillic, Oblique, Bold* und
Bold Oblique umfasste, war auch das lateinische Alphabet. Zapf nutzte dies
für umfangreiche Korrekturen[120] der vorhandenen Schnitte zur besseren
Wiedergabe im Digitalsatz.

So sehr Zapf die Möglichkeiten der neuen Technologien hochhielt,
warnte er auch vor den Gefahren: »But we must take care to distinguish bet-
ween an unwarranted manipulation of the letterforms and the various dis-
tortions now possible that can be used to achieve appropriate and desirable
effects.«[121] Mit dem Digiset-System konnte die *Optima* erstmals digital
gespeichert und bearbeitet werden, die Technologie steckte allerdings noch
in den Kinderschuhen. Die niedrige Auflösung durch die Digitalisate der
1980er und 1990er Jahre konnte den feinen Strichstärkenunterschieden der
Optima nicht gerecht werden. Welche Weiterentwicklungen im Bereich der
Schrifttechnologie letzten Endes die Neugestaltung der untersuchten Schrift-

---

116 Vgl. Zapf: Letterpress Printing, Photocomposition, and Desktop Publishing, S. 8.
117 1990 fusionierten die beiden Unternehmen Linotype und Hell zur Linotype-Hell AG.
118 Vgl. Digital hergestellte schmale Version der Optima vom 26.10.1982. WAL 68/13.
119 Erste Entwürfe kyrillischer Buchstaben entstanden bereits 1959. Vgl. Zapf: Entwurf vom 28.11.1959.
       WAL 73/1.
120 Vgl. Gerhard Höhl an Hermann Zapf vom 19.3.1993. Eschborn: Linotype-Hell AG. WAL 73/12.
121 Zapf: Letterpress Printing, Photocomposition, and Desktop Publishing, S. 9.

familie, in der Form wie sie heute vertrieben wird, ermöglichten, wird im nächsten Kapitel kurz dargestellt.

3.5 Von den »Font-wars« bis OpenType

Ende der 1980er Jahre löste sich die früher starke Bindung spezifischer Schriften an ein bestimmtes Gerät zur Satzherstellung durch die Standardisierung von Zeichenformaten, die für die Wiedergabe der verschiedenen Medien, z. B. Drucker und Bildschirme, funktionierten.

Apple entwickelte 1988 TrueType als Konkurrenz zu Adobes unter Verschluss gehaltener Type1-Spezifikation und Microsoft ließ sich die TrueType-Technologie von Apple lizensieren. Bereits bei der Entwicklung des True-Type-Formates baute Apple das Unicode-Konzept mit ein, das auf der Basis von 16-Bits 65.536 Zeichen speichern konnte[122]. Im Gegensatz zu den teuren Type1-Fonts, die auch nur maximal 256 Zeichen kodieren konnten, verwendeten Apple und Microsoft TrueType-Schriften für ihre Betriebssysteme und legten die Formatspezifikation von Beginn an offen. Um die Komplikationen zwischen den beiden Formaten zu beenden, gingen Microsoft und Adobe 1995 eine Kooperation ein, die zwei Jahre später zum OpenType-Format führte.[123] Letzten Endes konnte sich das TrueType-Format gegen das in PostScript[124] implementierte Type1-Format durchsetzen.[125]

Die größten Stärken des von Adobe und Microsoft entwickelten OpenType-Format liegen zum einen in der plattformübergreifenden Kompatibilität, zum anderen können auf der Basis von Unicode stark erweiterte multilinguale Zeichensätze (ebenfalls 65.536 Glyphen) und besondere Schnitte wie Mediäval-Ziffern, echte Kapitälchen, Brüche, Zierbuchstaben, hoch- und tiefgestellte Zeichen, Versalschrift, Ligaturen, etc., in einer Datei gespeichert werden. Um den gesamten Umfang des Zeichensatzes einschätzen zu können, wird vermehrt die Vergleichsgröße »Glyphs per Font«[126] benutzt. OpenType-Schriften – basierend auf PostScript – haben die Dateierweiterung ».otf«,

---

122   Heute erlaubt das System »Basic Multilingual Planes« 17 Ebenen á 16-Bit, also 1.114.112 Zeichen, genug für alle Varianten sämtlicher Schriftzeichen der Welt. Vgl. Bergerhausen et al.: Decodeunicode, S. 21.

123   Vgl. Mendelson, Edward: OpenType Ushers in New Era of Typography. In: CreativePro vom 20.6.2000. http://www.creativepro.com/article/opentype-ushers-new-era-of-typography [21.12.14].

124   PostScript als Seitenbeschreibungungssprache wurde später von Adobe als Grundlage für das PDF verwendet.

125   Vgl. Karow: Schrifttechnologie, S. 45–49.

126   Vgl. Bergerhausen, Johannes/ Porangan, Siri: Decodeunicode die Schriftzeichen der Welt. Mainz: Hermann Schmidt Verlag 2011, S. 52.

während OpenType-Schriften auf der Grundlage des TrueType-Formats die Erweiterung ».ttf« tragen.

3.6 Exkurs: Wandel in der Schriftgestaltung
von grotesken zu kalligrafischen Formen

Neben technischen Innovationen sind stilgeschichtliche Veränderungen die schwerwiegendsten Einflussfaktoren auf die Gestaltung einer Schrift. Den schnell fortschreitenden Entwicklungen im Bereich der digitalen Schrift- und Drucksysteme folgte ein ästhetischer Wandel:

Entgegengesetzt zu den von der *Helvetica* dominierten überwiegend serifenlosen Schriften der 1960er und 70er Jahre, wuchs ab den 1990er Jahren die Nachfrage nach kalligrafisch anmutenden Schriften an.[127] Die aus Schriftverkäufen ablesbaren Trends waren also einerseits zeitlose groteske Schriften wie Helvetica und Futura und andererseits kalligrafisch anmutenden Schriften.[128] Zapf schrieb 2001 sogar: »[W]e notice that people got tired of the uniform and cool appearance of typography seen everywhere.«[129] Die letzten Restriktionen der nicht-digitalen Satzsysteme konnten überwunden werden und somit sei Kalligrafie wieder »the basis for new type design, as it was at the beginning of the era of movable type.«[130] Stilistische Veränderungen spielten aufgrund des relativ geringen Zeitraums von 50 Jahren keine schwerwiegende Rolle bei der Neugestaltung der Schriftfamilie, dennoch lassen sich Einflüsse, z. B. die Renaissance dynamischer Buchstabenformen, bei der *Optima nova* feststellen, die unter anderem im nächsten Kapitel untersucht werden.

---

127 Vgl. Zapf, Hermann: Back to the sources. Some Reflections on Calligraphic Types. In: Calligraphic Type Design in the Digital Age. An Exhibition in Honor of the Contributions of Hermann and Gudrun Zapf. Hrsg. von John Prestianni. San Fransisco: Ginko Press 2001, S. 37.
128 Vgl. Lundquist, Linnea: Foreword in Calligraphic Type Design in the Digital Age, S. 7.
129 Zapf: Back to the Sources, S. 37.
130 Ebd.

4 NEUSCHNITT EINER SCHRIFTFAMILIE: DIE OPTIMA NOVA

Zapf hatte stets den Anspruch,

> *Formen zu schaffen, die unser Denken von heute, die Industrieform der Gegenwart widerspiegeln, zumal die Schrift ein Ausdrucksmittel darstellt, das auch Stilrichtung und den Geist einer Epoche wie kaum ein anderes Medium wiederzugeben vermag.* [131]

Alle in den vorigen Kapiteln untersuchten Entwicklungen im Bereich der Schriftgestaltung führten zur Entstehung der neuen Schriftfamilie *Optima nova*. Neben der Darstellung des Entstehungsprozesses werden im Folgenden Änderungen und Verbesserungen der Schrift auf Zeichenebene untersucht.

4.1 Entstehung der Optima nova in Zusammenarbeit mit Akira Kobayashi

An dieser Stelle soll ausgeführt werden, welche Voraussetzungen der Schriftgestalter und Typograf Akira Kobayashi in das *Optima nova*-Projekt mitbrachte. 1960 in Japan geboren, wurde er angeblich von Zapfs Autobiografie *About Alphabets* von 1970 an die lateinische Schrift herangeführt.[132] Später studierte er Kunst und Kalligrafie in Tokyo und London. Neben seiner Arbeit für japanische Unternehmen, z. B. die *Type Bank Company* entwarf er vor allem lateinische Alphabete, die mit den digitalen Kanji-Fonts mischbar sind. Seine Gestaltung ist geprägt durch klassische Typografie der lateinischen Alphabete in Verbindung mit den kalligrafischen Formen Japans.[133]

2001 wurde Kobayashi, der Zapf bereits von Vorträgen in Tokyo und Deutschland persönlich kannte und mit ihm korrespondierte, künstleri-

---

131 Zapf, Hermann: Schrift und Buch in der Welt von morgen. Festvortrag gehalten in der Festsitzung der Gutenberg-Gesellschaft in Mainz am 22. Juni 1970. Kleiner Druck der Gutenberg-Gesellschaft. Mainz 1970, S. 19.

132 Vgl. Zapf: Alphabetgeschichten, S. 47.

133 Vgl. Calligraphic Type Design in the Digital Age, S. 123.

scher Leiter der Linotype GmbH. Sofort informierte er Zapf über seine neue Anstellung und das erste große Projekt[134], nämlich die Digitalisierung der *Optima Linotype*. Die Zusammenarbeit funktionierte folgendermaßen[135]: Kobayashi veränderte eigenständig oder auf Vorschlag Zapfs die Schriftform am Macintosh und schickte ihm die Zwischenergebnisse zur Korrektur. Kleinere Änderungen wurden per Post abgesprochen, größere in den regelmäßigen »Optima-Meetings« im Sitz der *Linotype Library* in Bad Homburg oder bei Zapf in Darmstadt. Kobayashi ergänzte die langjährige Erfahrung Zapfs durch seine Kenntnisse in der digitalen Schriftgestaltung. Dieser lobte seinen »Schüler« für die »ideale Zusammenarbeit, die [ihn] an [s]eine Zeit mit August Rosenberger bei der früheren Schriftgießerei D. Stempel AG in Frankfurt erinnerte.«[136] Um dem großen Anteil, den Kobayashi in der freien Ausarbeitung von Zapfs Skizzen hatte, gerecht zu werden, wurde Kobayashi neben Zapf als Urheber der *Optima nova* Schriftfamilie genannt.

Die Namensgebung der überarbeiteten *Optima* gestaltete sich wie schon bei der Originalschrift 1958 schwierig. In Korrespondenzen wurde von der *new/neuen Optima* gesprochen, ein weiterer Arbeitstitel war *Optima Nuovo*. Gegen die Idee der Marketingabteilung der *Linotype Library*, alle überarbeiteten Digitalschriftsätze mit dem Zusatz »next« zu versehen, wehrte sich Zapf vehement. Er schlug mehrere Alternativen vor, darunter *Optima New*, *Optima Star*, *Optima Digital* und *Optima Nova*[137]. Letztendlich wurde die neue Familie aber *Optima nova* getauft.

4.2 Analyse des Neuschnitts:
Die Optima nova im Vergleich mit der Optima Linotype
Die neue Schriftfamilie besteht aus 40 Schnitten. Von der *Linotype Library* wird die Schriftfamilie im OpenType-Format vertrieben. Was für Auswirkungen diese Technologie auf die Neugestaltung hatte, kann nachstehender Vergleich verdeutlichen. Die Belichtungsscheibe der *Optima* für den Fotosatz zählte 126 Zeichen.

Die Garnituren der *Optima nova* von Light bis Bold enthalten je 587, die Garnituren Heavy und Black je 388, die schmalen Schnitte je 389 und die Versalgarnitur 426 Zeichen. Insgesamt enthält die Großfamilie also 9793 Zei-

134 Akira Kobayashi an Hermann Zapf am 1.3.2001. WAL 289/1.
135 Briefwechsel zwischen Akira Kobayashi und Hermann Zapf zwischen 1.3.2001 und 17.5.2002. Bad Homburg und Darmstadt. WAL 289.
136 Zapf: Alphabetgeschichten, S. 91.
137 Vgl. Hermann Zapf an Bruno Steinert am 5.6.2002. Darmstadt 2002. WAL 289/12.

chen. Als Vorlage für die Neugestaltung der *Optima nova* diente die *Optima Linotype*[138], deshalb werden in den folgenden Vergleichen nur diese beiden Familien herangezogen. Bei der *Optima Linotype* wurde der Quetschrand-Effekt noch nicht kompensiert. Deshalb fallen bei Schnitten gleicher Stärkenbezeichnung die der *Optima nova* deutlich kräftiger aus.

Bei der Neugestaltung wurde das Hauptcharakteristikum, die auseinanderstrebenden Strich-Enden betont. Konnte die *Optima* noch als serifenlose Schrift durchgehen, wurden die vagen Andeutungen an den An- und Abstrichen zu eindeutigeren Serifen vergrößert. Dies führt besonders bei den Versalziffern zu einer Verbesserung gegenüber den zuvor abgeschnitten wirkenden Strich-Enden der Ziffern 6 und 9. Die Entscheidung gegen die absolute Symmetrie und für feinere Strichführung, der die Schrift einen kleinen Schritt vom starren Klassizistischen zur dynamischen Breitfederform zurückführt, lässt sich sowohl an den An- bzw. Abstrichen der Buchstaben a, f und r, als auch an allen verbindenden Haarstrichen innerhalb der Minuskeln, (z. B. b, d, g, p, q) feststellen.

Eine auffallendere Veränderung ist die Glättung der Kehlungen an den Strich-Enden aller Zeichen. Die Überzeichnung dieser Kehlungen wurde durch den Wegfall der Tinten-Quetschränder überflüssig und wurde bei der vorhergehenden Digitalisierung nicht berücksichtigt, weshalb diese Überzeichnungen bei der *Optima Linotype* so deutlich ins Auge fallen.

Unter den Ziffern sticht die komplett umgestaltete »1« heraus, die Kobayashi in seinem Entwurf als »more straight like Pinocchio«[139] beschrieb. Im Vergleich zum alten »Entenschnabel« wertet die neue Ziffer eine Zahlenfolge eindeutig auf. Dazu passend wurde die äußerst schmale »0« der Originalschrift so verbreitert, dass sie jetzt sogar breiter als die übrigen Ziffern ist, aber dennoch selbst in den fetten Stärken nicht plump wirkt. Für den Bedarf an schmaleren Ziffern kann auf die neuen *Optima nova Condensed*-Schnitte zurückgegriffen werden.

Ebenso erhielten einige Buchstaben eine Rundumerneuerung: Das abrupt endende »J« wurde nach unten über die eigene Dickte hinaus verlängert. Der Schweif des »Q« wurde ebenfalls verlängert und horizontaler angesetzt. In der Kursive ragt es jetzt über die eigene Dickte hinaus. Das »Z« bekam einen kürzeren Anstrich. All diese Veränderungen lassen das Schriftbild dynamischer wirken.

---

138 Vgl. Briefwechsel zwischen Akira Kobayashi und Hermann Zapf zwischen 1.3.2001 und 17.5.2002. Bad Homburg und Darmstadt. WAL 289.

139 Akira Kobayashi an Hermann Zapf am 21.11.2001. Bad Homburg: Linotype Library. WAL 289/7.

abcdefghijklmnopqrst uvwxyzäöüABCDEFG HIJKLMNOPQRSTUV WXYZÄÖÜ1234567890

Schriftprobe 2: Optima Linotype Std Demi

abcdefghijklmnopqrst uvwxyzäöüABCDEFG HIJKLMNOPQRSTUV WXYZÄÖÜ1234567890

Schriftprobe 3: Optima nova Linotype Pro Demi

Die markanteste Verbesserung der *Optima* wurde durch die Zeichnung einer echten Kursiven im Gegensatz zur 1958 lediglich schräg gestellten Antiqua erreicht. In einer ersten Besprechung zur Neugestaltung der *Optima* wurde Kobayashis Vorschlag, eine echte Kursive zu gestalten von Zapf sofort angenommen.[140] Wohingegen das starre Linotype-System nur eine Schräglage von 12° erlaubte[141], wurde der Neigungswinkel der kursiven *Optima nova* auf 15° erhöht. Neben den neu gezeichneten Minuskeln auf x-Höhe, die die echte Kursive von der schrägen unterscheiden, tragen die kursiven Minuskeln f, g und j mit ihren neu gestalteten Unterlängen dazu bei, der Schrift kalligrafisch anmutende Form zu geben. Außerdem wurden die Punkte der Umlaute verkleinert und näher zusammengestellt, was besonders bei den Minuskel-Umlauten zu einer deutlichen Verbesserung führt. Wirkte das

140 Vgl. Akira Kobayashi an Hermann Zapf am 17.5.2001. Bad Homburg: Linotype Library. WAL 289/2.
141 Vgl. Zapf: Alphabetgeschichten, S. 92.

abcdefghijklmnopqrst uvwxyzäöüABCDEFG HIJKLMNOPQRSTUV WXYZÄÖÜ1234567890

Schriftprobe 4: Optima Linotype Std Demi Kursiv

abcdefghijklmnopqrst uvwxyzäöüABCDEFG HIJKLMNOPQRSTUV WXYZÄÖÜ1234567890

Schriftprobe 5: Optima nova Linotype Pro Demi Kursiv

schräge »ä« noch wie ein Fremdkörper in der Antiquaform und großen weit auseinandergestellten Punkten, fügt sich das neue »*ä*« in das kursive Schriftbild ein, ohne aufzufallen. Besonders der von Zapf gewünschte[142] kalligrafische Charakter der *Optima* kommt bei der neugestalteten Kursive deutlich zum Ausdruck.

Zusätzlich zur Kursive entstanden zahlreiche neue Schnitte, die dringend benötigt wurden, da die *Optima* bereits in ihrer alten Form vermehrt für Überschriften und Mengentexte verwendet wurde[143]: Kapitälchen und Mediävalziffern waren seitdem auch für die regulären und kursiven Schnitte *Optima nova* Light, Regular, Medium, Demi und Bold verfügbar. Zusätzlich wurde ein schmaler Schnitt, *Optima Condensed*, in den Stärken Light,

---

142 Vgl. Hermann Zapf an Akira Kobayashi am 5.10.2001. WAL 289/6.
143 Vgl. Akira Kobayashi an Hermann Zapf am 23.7.2001. Bad Homburg: Linotype Library. WAL 289/5.

Regular, Medium, Demi und Bold entworfen. Ermöglicht durch die Verwendung des Unicode-Systems für OpenType, wurden alle Schnitte mit eigenen Bruchzahlen, Ligaturen und Ornamenten ausgestattet.

Die zusätzlich gezeichnete Versalgarnitur *Optima nova Titling*, bestehend aus 84 Zeichen, ist mit zahlreichen Ligaturen und Schwungbuchstaben ausgestattet, also gestaltet für die Verwendung in Überschriften, Signets und auf Plakaten. Während bei der *Optima* noch antike, in Stein gemeißelte Inschriften ein Vorbild waren, wurde für die neue Versalschrift weitaus weniger abstrahiert: Dieser Charakter wurde herausgearbeitet, indem die Schaftenden verdickt und die Ecken stark abgerundet wurden.

Insgesamt kann die *Optima nova* als Summe der Erfahrungen des Schriftgestalters Zapf und zu einem gewissen Anteil auch Kobayashis gewertet werden. Die in den 1950er Jahren getesteten auf Breitfeder basierten Formen des Erstschnitts wurden zu Gunsten von klassizistischer Sachlichkeit aufgegeben. Bei der Neugestaltung 2002 konnte der Schrift durch die Möglichkeiten der digitalen Gestaltung eine kalligrafische Dynamik verliehen werden, ohne dabei die Grundcharakteristik aufzugeben.

5 FAZIT

Die *Optima* hat im Schriftkanon durch ihre nicht leicht zu klassifizieren-
den Formen zwischen Antiqua und Grotesk einen besonderen Stellenwert.
Gerade der starre Bleisatz eignete sich, um die Charakteristik der gemeißelten Inschriften, nach deren Formprinzip Zapf die Schrift zeichnete, nachzu-
bilden. Eine echte Kursive wäre noch nicht zufriedenstellend zu produzieren
gewesen. Allerdings stellte sich bald heraus, dass die Anfangsausstattung der
Schriftfamilie, ein regulärer und zwei auszeichnende, für die Bedürfnisse der
Kunden nicht ausreichten. Die Zielgruppe wurde sowohl im europäischen,
als auch amerikanischen Sprachgebiet nicht richtig eingeschätzt, denn die
Optima war so beliebt, dass sie Anwendung in allen Gebieten fand, nicht nur
für Buchdruck und kleinere Akzidenzen. Zudem wurde die Schrift in einer
Zeit entworfen, als die Technologie des jahrhundertealten Bleisatzes bereits
im Umbruch war.

Zapf erkannte zwar die Möglichkeiten der neuen Fotosatz-Technologie, konnte Formveränderungen nach seinen Idealvorstellungen aber nicht
gegen seine Auftraggeber, die Schriftgießerei D. Stempel AG und die deutsche und amerikanische Linotype, durchsetzen. So fanden in der Ära des
Fotosatzes hauptsächlich notwendige Erweiterungen der Schriftfamilie und
Korrekturen zur Umgehung der technischen Limitationen statt. Die Chancen, die *Optima* für die ästhetischere Anwendung in der Typografie weiter zu
entwickeln, z. B. durch Zeichnung von Mediäval-Ziffern oder einer echten
Kursive, wurden nicht wahrgenommen.

Hervorzuheben ist dabei, dass Zapf eine besondere Affinität zu Technologien im Bereich der Schriftgestaltung entwickelt hatte. Dadurch verfolgte
er neue Entwicklungen nicht nur mit Interesse, sondern hatte selbst Anteil
daran. Seine Schriften zeichnete er vorausschauend für neue Satzsysteme um,

aber oft verging ein Jahrzehnt oder mehr, bis die Entwürfe schließlich auch umgesetzt wurden.

Erst durch die Entwicklungen im Bereich der digitalen Schriftgestaltung wurde es möglich, die Limitationen der Druck- und Satzsysteme, die für die *Optima* jahrzehntelang ästhetische Einbußen zur Folge hatten, zu überwinden. So bildeten die neuen Speichertechnologien auf Basis des Unicode-Systems die Grundlage für die Entstehung der neuen Schriftfamilie mit ihren komplexen Zeichensätzen.

Neben den untersuchten Entwicklungen, die die *Optima* qualitativ und quantitativ vom Erstschnitt 1958 bis zur ersten digitalen Speicherung vollzog, zeigte die Analyse der *Optima nova,* was die Schrift durch einen kompletten Neuschnitt gewinnt.

Zuerst muss beantwortet werden, welchen Stellenwert die »alte« *Optima,* die zusätzlich zur neuen Schriftfamilie von der *Linotype Library* vertrieben wird, besitzt: Sie ist eine brauchbare Grundgarnitur, der über die Jahrzehnte zahlreiche Erweiterungen angehängt wurden, aber noch immer die Limitationen vergangener Technologien anhaften. Mit dem Projekt *Optima nova* hingegen hatte Zapf die Chance, seine Lieblingsschrift durch seine Erfahrungen und Kobayashis Kenntnisse in digitaler Schriftgestaltung rundum nach seinen Idealvorstellungen neu zu gestalten.

Insgesamt lagen den Veränderungen der Schriftform zwei Überlegungen zu Grunde: Bei vorhergehenden Anpassungen an Technologien nach der Vorlage der Originalschrift für Bleisatz wurde die Chance verpasst, von den überzeichneten Formen für den Buchdruck wegzukommen. Diese Fehler konnten bei der Komplettüberarbeitung behoben werden. Zweitens erlaubten die Entwicklungen im Bereich der digitalen Schriftgestaltung und des Digitaldrucks den Gestaltern, die ursprünglich von Zapf gedachte Form ohne Kompromisse umzusetzen. Aus diesen Entwicklungen folgten die Befreiung aller Formen von der alten Starrheit und die Verbindung des klassizistischen Formprinzips mit einem dynamischeren. Insgesamt ist die neugestaltete Schriftform also eine Symbiose aus verschiedenen, scheinbar gegensätzlichen, Stilrichtungen, optimiert für die Schrifttechnologie des beginnenden 21. Jahrhunderts.

Zapf konnte letzten Endes also die Möglichkeit nutzen, die klassische, aber fehlerbehaftete *Optima* durch einen Neuschnitt in ihrer Form zu vollenden.

Am Beispiel der *Optima* kann abgeleitet werden, dass der professionell ausgeführte Neuschnitt einer Schrift nicht nur sinnvoll, sondern auch nötig ist, um diese an die modernen Wiedergabetechnologien anzupassen.

LITERATURVERZEICHNIS

Forschungsliteratur

Caflisch, Max: Schriftanalysen. Untersuchungen zur Geschichte typographischer Schriften. Bd. 1 und 2. St. Gallen: Typotron 2003.

Karow, Peter: Schrifttechnologie. Berlin: Springer 1992.

Nerdinger, Eugen: Buchstabenbuch. Schriftentwicklung, Formbedingungen, Schrifttechnik, Schriftsammlung. München: Callwey 1954.

Schauer, Georg Kurt: Über die Herkunft der Linearschriften. In: Börsenblatt 22a (1959), S. 294-298.

Weichselbaumer, Nikolaus: Das typografische Werk Hermann Zapfs. Diss. phil. Friedrich-Alexander-Universität Erlangen-Nürnberg 2015.

Zapf, Hermann: Vom Formgesetz der Renaissance-Antiqua. In: Gutenberg-Jahrbuch 1953. Hrsg. von Aloys Ruppel. Mainz 1953, S. 11–15.

Zapf, Hermann: Letterpress Printing, Photocomposition and Desktop Publishing. In: Classical typography in the computer age. Papers presented at a Clark Library Seminar on 27th February 1988. Los Angeles: Willam-Andrew-Clark-Library, University of California 1991, S. 1–13.

Zapf, Hermann: Vom Stempelschnitt zur Digitalisierung von Schriftzeichen. Die technische Veränderung der Schriftherstellung. In: Gutenberg Jahrbuch. Hrsg. von der Gutenberg-Gesellschaft. Mainz: 2000, S. 302-316.

Gedruckte Quellen

ABC-XYZapf: Fünfzig Jahre Alphabet-Design. Hrsg. von Knut Erichson und John Dreyfus. Offenbach und London: Bund Deutscher Buchkünstler und Wynkyn de Worde 1989.

Bergerhausen, Johannes/ Porangan, Siri: Decodeunicode die Schriftzeichen der Welt. Mainz: Hermann Schmidt Verlag 2011.

Bollwage: Formen und Strukturen. Gedanken über eine moderne Klassifikation der Druckschriften. In: Gutenberg Jahrbuch. Hrsg. von der Gutenberg-Gesellschaft. Mainz: 2000, S.317-324.

Calligraphic Type Design in the Digital Age. An Exhibition in Honor of the Contributions of Hermann and Gudrun Zapf. Hrsg. von John Prestianni. San Fransisco: Ginko Press 2001.

Carter, Sebastian: Twentieth century type designers. New York: Taplinger 1987.

Hermann Zapf. Ein Arbeitsbericht. Hrsg. von der Lehrdruckerei der Technischen Hochschule Darmstadt. Darmstadt: 1984.

Lange, Günter Gerhard: Anmerkungen zum Gestaltbild der Optima. In: ABC-XYZapf. Fünfzig Jahre Alphabet-Design. Hrsg. von Knut Erichson und John Dreyfus. Offenbach und London: Bund Deutscher Buchkünstler und Wynkyn de Worde 1989, S. 85-88.

Optima. D. Stempel AG: Frankfurt am Main 1958.

Optima-Antiqua. Eine Originalschrift von Hermann Zapf. D Stempel AG: Frankfurt am Main 1958.

Rosarivo, Raúl M.: Divina proportio typographica: Das Buch vom goldenen typographischen Modul 1:1,5 in den Proportion 2:3, dem Modul von Johannes Gutenberg und seiner Zeitgenossen. Bearb. d. dt. Ausg. von Hermann Zapf. Scherpe: Krefeld 1961.

Smith, Virginia: Hermann Zapf (Interview). In: Artograph. Vol. 1, No. 1 (1977). Hrsg. Vom Baruch College.

Zapf, Hermann: Gedanken und Probleme beim Entwurf von Werkschriften. Aus: Philobiblon. Heft 4 (1958).

Zapf, Hermann: Über Alphabete. Gedanken und Anmerkungen beim Schriftentwerfen. Frankfurt am Main: Schauer 1960.

Zapf, Hermann: Type design for tomorrow. Aus: Linotype Post 63 (1965), S. 21–22.

Zapf, Hermann: Schrift und Buch in der Welt von morgen. Festvortrag gehalten in der Festsitzung der Gutenberg-Gesellschaft in Mainz am 22. Juni 1970. Kleiner Druck der Gutenberg-Gesellschaft. Mainz 1970.

Zapf, Hermann: Die Veränderung der Schriftform durch die technische Entwicklung. In: Polygraph Jahrbuch 1969. Hrsg. von Rudolf H. Schulz. Frankfurt am Main: Polygraph Verlag 1986, S. 9–19.

Zapf, Hermann: Hermann Zapf and his design philosophy. Chicago: Society of Typographic Arts 1987.

Zapf, Hermann (zusammengestellt): Atlas zur Geschichte der Schrift. Bd.3: Ausgewählte Schriftbeispiele des 20. Jahrhunderts. Darmstadt: Technische Hochschule 1989.

Zapf, Hermann: Hat Schriftdesign eine Zukunft? In: Polygraph 3 (1994), S. 32f.

Zapf, Hermann: Back to the sources. Some Reflections on Calligraphic Types. In: Calligraphic Type Design in the Digital Age. An Exhibition in

Honor of the Contributions of Hermann and Gudrun Zapf. Hrsg. von John Prestianni. San Fransisco: Ginko Press 2001, S. 36–42.

Zapf, Hermann: Alphabetgeschichten. Eine Chronik technischer Entwicklungen. Mergenthaler Edition/Linotype GmbH: Bad Homburg: 2007.

Internetquellen

Schriftklassen. In: Schriftgestaltung.com. https://schriftgestaltung.com/schriftgestaltung/schriftklassen [01.12.14].

Antiqua-Varianten. In: Schriftgestaltung.com. https://schriftgestaltung.com/schriftgestaltung/schriftklassen/antiqua-varianten.html [01.12.14].

Mendelson, Edward: OpenType Ushers in New Era of Typography. In: CreativePro vom 20.6.2000. http://www.creativepro.com/article/openty-pe-ushers-new-era-of-typography [21.12.14].

Wood, Maryrose: Type Digital Perfection. Legendary Type Designer Hermann Zapf, along with Akira Kobayashi, have updated the classic Optima Typeface Zapf created in 1952. In: Step. Januar/Februar 2003, S. 108–111. http://image.linotype.com/files/pdf/oo_home/images/home_06/home_06b/optnova/step.pdf [21.12.14]

Crompton, Andrew: How to look at a reading font. In: Word & Image. Vol. 30, Issue 2 (2014), (S. 79–89.) DOI: 10.1080/02666286.2013.817132 [22.11.2014].

Archivalien

Quellen der Herzog August Bibliothek Wolfenbüttel (HAB) Slg. Zapf. (Ordinal nach Signatur sortiert)

WAL 61: Von Zapf gezeichnete Entwürfe zur Optima.

WAL 61/25: Standard, Paul: zu Optima. Meinungsumfrage auf der DRUPA: »Wie gefällt Ihnen unsere Optima, die neueste Schrift von Hermann Zapf, erschienen auf der DRUPA 1958?« am 30.6.1958.

WAL 61/43–44: Franz C. Hess an Hermann Zapf am 24.2.1958. Betr.: Optima. Huxley House: New York 1958.

WAL 61/54f: Max Caflisch an Hermann Zapf am 12.6.1958.

WAL 61/62: K.B. Butler und G.C. Likenees: Optima-Rezension. Auszug aus »Handbook on Display Typefaces« USA 1959.

WAL 67/14f: Mike Parker an Hermann Zapf vom 25.3.1971. New York: Mergenthaler Linotype.

WAL 68/13: Digital hergestellte schmale Version der Optima vom 26.10.1982.

73/1: Erste Entwürfe kyrillischer Buchstaben entstanden bereits 1959. Vgl. Zapf: Entwurf vom 28.11.1959.

WAL 73/12: Gerhard Höhl an Hermann Zapf vom 19.3.1993. Eschborn: Linotype-Hell AG.

WAL 77/1: Zapfs Auflistung diverser Schnitte der Schriften Optima, Palatino und Melior.

WAL 77/5: René Kerfante an Hermann Zapf vom 23.10.1984. Frankfurt a. M.: D. Stempel AG.

WAL 77/7: Hermann Zapf an René Kerfante vom 10.12.1984.

WAL 77/8: Hermann Zapf an René Kerfante vom 23.1.1985.

WAL 77/11: Telefongesprächsnotiz von Hermann Zapf zwischen ihm und René Kerfante vom 23.10.1985.

WAL 222/1: G.K. Schauer: Aktennotiz vom 23.6.1961. Frankfurt a. M.: D. Stempel AG.

WAL 222/1f: G.K. Schauer: Aktennotiz vom 9.8.1961 über die Teilnahme an der 11. Tagung der Herstellungsleiter in Schliersee vom 5.5–4.6.1961. Frankfurt a. M.: D. Stempel AG.

WAL 222/3: Schulz-Anker, Erich: Aktennotiz, Betr.: Kräftige Optima vom 3.7.1961. Frankfurt a. M.: D. Stempel AG.

WAL 222/4: Besprechung vom 22.10.1962 in der Zeitungsdruckerei Waldheim-Eberle in Wien. 7.11.1962.

WAL 222/6f: Schulz-Anker, Erich: Aktennotiz vom 2.12.1962. Frankfurt a. M.: D. Stempel AG.

WAL 222/8: Ed Rondthaler an Hermann Zapf vom 21.5.1963. New York: Photo-Lettering Inc.

WAL 222/10: Hermann Zapf an Ed Rondthaler vom 19.11.1963.

WAL 275/1: Zapfs Beschreibung der neuen Antiqua. 4.2.1955.

WAL 275/4: Besprechungsnotiz vom 23.2.1955 zum Betr. Neue Antiqua, verfasst am 2.3.1955.

WAL 275/9: Schauer, Georg Kurt: Bericht über Vortrag in Gütersloh vom 9.5.1955. D. Stempel: Frankfurt am Main 1955.

WAL 289: Briefwechsel, hauptsächlich zwischen Akira Kobayashi und Hermann Zapf zwischen 1.3.2001 und 17.5.2002. Bad Homburg und Darmstadt.

WAL 289/1: Akira Kobayashi an Hermann Zapf am 1.3.2001.

WAL 289/2: Akira Kobayashi an Hermann Zapf am 17.5.2001. Bad Homburg: Linotype Library.

WAL 289/5: Akira Kobayashi an Hermann Zapf am 23.7.2001. Bad Homburg: Linotype Library.

WAL 289/6: Hermann Zapf an Akira Kobayashi am 5.10.2001.

WAL 289/7: Akira Kobayashi an Hermann Zapf am 21.11.2001. Bad Homburg: Linotype Library.

WAL 289/12: Hermann Zapf an Bruno Steinert am 5.6.2002. Darmstadt 2002.